한국기업의 특허전략 변화

본 연구총서는
서울대학교 발전기금 연구비 및
서울대학교 경영연구소 연구비 지원에 의하여 이루어졌음.

서울대학교 경영연구소 기업경영사 연구총서 12

한국기업의 특허전략 변화

송재용 · 신현한

서울대학교출판부

The Evolution of Corporate Patent Strategy in Korea

Jaeyong Song
Hyun-Han Shin

Seoul National University Press

머리말

글로벌 지식기반경제에서 한국기업이 보다 가속화되고 있는 기술 중심의 글로벌 경쟁에서 지속 가능한 경쟁우위를 창출하기 위해선 기술혁신에 가일층 투자를 기울여야 하며 그 결과물로서의 특허의 확보와 전략적 활용에 관심을 높여야 할 시대적인 명제에 직면하고 있다. 한국기업이 미래에 지향해야 할 기술혁신 및 특허전략의 방향성에 대한 제언을 위해서는 먼저 한국기업들이 지금까지 국내외에서 등록한 특허에 대한 보다 체계적인 역사적인 고찰과 실증분석을 통해 한국기업의 기술혁신 역량이 어떻게 진화되어 왔는지에 대한 연구가 선행되어야 한다.

1990년대 이후 한국 기업이 국내외, 특히 미국에서 출원한 특허의 숫자는 급증하였다. 국제특허협약 특허수 랭킹에서 한국은 전세계 7위에 올랐다. 또한 삼성전자의 경우 미국 특허 다출원기관 순위에서 4위까지 올라가기도 하였다. 그렇다면 한국은 1990년대 이후 어떻게 하여 국내뿐 아니라 해외에서도 괄목할만한 특허 건수의 증가를 이룰 수 있었던 것일까? 이러한 특허 수 급증에 있어서 한국 기업의 혁신 및 특허전략의 변화는 어떻게 기여를 해왔는가?

본 연구는 미국 및 한국의 특허 데이터의 시계열 분석과 문헌 연구, 사례 연구 등을 통해 한국기업의 특허 등록 변천사를 통해 본 기술혁신역량 및 특허전략의 변천에 대해 체계적이고 심층적인 실증 분석을 행함으로써 한국기업의 미래 전략 방향 설정에 도움을 주기 위해서 기획되었다. 본 연구는 세계은행의 의뢰로 송재용 교수가 행하였던 "What is Behind the Surge in Korean Patenting?"이라는 선행 연구를 기반으로 진행되었다.

본 연구의 과정에서는 많은 분들이 도움을 주었다. 특히 연구 조교로서 연구에 도움을 준 윤우진, 윤채린, 강진구, 이윤진, 김미연, 강태구, 최종문, 김형찬 조교, 그리고 오라클 프로그래밍을 도와준 윤형석 씨와 윤호성 씨에게 감사를 드린다. 또한 한국의 특허 데이터를 제공해 주신 특허청의 권귀우 씨와 정차호 씨께도 깊은 감사를 드린다.

차 례

제 Ⅲ 장 한국 지적재산권의 변화와 한국 특허 건수의 증가

제 Ⅳ 장 한국 기업 특허 출원에 대한 산업 및 기업 전략차원의 분석

제 Ⅴ 장 연구의 요약과 시사점

표차례

그림차례

서론

1 연구의 목적

글로벌 지식기반경제에서 한국기업이 보다 가속화되고 있는 기술 중심의 글로벌 경쟁에서 지속 가능한 경쟁우위를 창출하기 위해선 기술혁신에 가일층 투자를 기울여야 하며 그 결과물로서의 특허의 확보와 전략적 활용에 관심을 높여야 할 시대적인 명제에 직면하고 있다. 한국기업이 미래에 지향해야 할 기술혁신 및 특허전략의 방향성에 대한 제언을 위해서는 먼저 한국기업들이 지금까지 국내외에서 등록한 특허에 대한 보다 체계적인 역사적인 고찰과 실증분석을 통해 한국기업의 기술혁신 역량이 어떻게 진화되어 왔는지에 대한 연구가 선행되어야 한다.

한국은 1962년 경제개발 5개년 계획을 도입한 이후 전세계에서 그 유례를 찾아 보기 힘들 정도의 괄목할 만한 GDP 성장률을 기록하였다. 하지만, 세계경제 무대에 있어서 이보다 더 주목할 만한 점은 한국의 급격한 특허 건수 증가에 대한 것이다. 다음의 통계자료들은 최근 들어 한국이 얼마나 빠르게 특허 건수를 증가시켜 왔는지를 보여 준다.

미국특허등록사무소(USPTO: U.S. Patent & Trademark Office)에 등록된 한국의 특허 건수는 1980년에 2개에 불과했다. 하지만 1999년 미국에 등록된 한국의 특허 건수는 3,529개로 증가하였으며, 이는 특히 1990년대 후반에 크게 증가하였다. 따라서 1995년에는 미국 내 특허등록순위에서 21위를 기록하였던 한국은, 1999년에는 6위를 차지하였다. 1990년대에 OECD 국가의 연평균 특허등록 증가율은 5.8%, 전세계 모든 국가들의 총증가율이 6.1%를 기록한 반면, 한국은 같은 기간 동안 36%에 달하는 특허 등록의 증가를 보였다(OECD, 2000).

한국의 삼성전자는 1999년에 모두 1,545개의 특허를 등록하면서 IBM(미국), NEC(일본), Canon(일본)에 이어 미국에서 네 번째로 큰 특허 등록업체가 되었다. 삼성전자는 1991년에 처음으로 특허 등록 순위에서 100위에 오른 뒤, 1997년에는 556개의 특허를 등록하면서 6위로 상승하였고, 이후 2년 만에 미국에서의 특허 등록 건수를 3배 정도 증가시켜 1999년에는 미국에서 네 번째로 많은 수의 특허를 등록하였다. 2004년 현재 미국 특허 수로 본 삼성전자의 랭킹은 다소 떨어져서 8등을 기록했지만 여전히 전세계 모든 기업 중 top 10에 들어 있다. 특히 삼성전자는 혁신 역량을 바탕으로 DRAM분야의 세계적인 생산자가 되었고, 2004년에는 전세계 반도체산업에서 인텔(Intel)에 이어서 매출액 기준으로 2위를 차지하게 되었다.

국제협력조약(PCT: Patent Cooperation Treaty)을 통한 국제 특허 출원의 측면에서 봤을 때, 한국은 2004년 3,521건 출원, 2003년보다 19.3% 증가하면서 미국, 일본, 독일, 프랑스, 영국, 네덜란드에 이어 7위를 기록했다.

인구당 내국인의 지적재산권 출원 비율을 살펴봤을 때, 한국은 2001년 기준으로 일본에 이어 세계 2위를 차지하였다. 1980년에 내국인의 지적재산권 등록 비율은 11.4%에 지나지 않았으나, 1995년에는 내국인의 특허 등록 비율이 외국인 특허 출원 비율을 상회하게 되었다. 외국인의 특허등록이 지속적으로 증가하는 와중에도, 2001년 내국인 특허등록은 전체의 63%를 차지하였다.

R&D 비용 대비 국내 특허 출원 비율의 측면에서 한국은 세계에서 가장 높은

수치를 보인다. 예를 들어, 일본은 1997년을 기준으로 한국보다 13배 많은 R&D 비용을 투자했으나, 한국보다 4배 많은 특허만을 출원하였다.

최근 한국의 기업들은 신흥 기술의 기술적 표준이 될 수 있는 신규 특허들을 생산하기 시작하였다. 삼성전자와 LG전자를 비롯한 한국의 전자업체들이 디지털 TV와 MP3 플레이어와 같은 디지털 가전제품에 있어 매우 중요한 MPEG 기술과 관련된 특허를 등록한 것이 바로 이러한 사례이다.

그렇다면 한국은 1990년대 이후 어떻게 하여 국내뿐 아니라 해외에서도 괄목할 만한 특허 건수의 증가를 이룰 수 있었던 것일까? 이러한 특허 수 급증에 있어서 한국 기업의 혁신 및 특허전략의 변화는 어떻게 기여를 해왔는가? 본 연구는 미국 및 한국의 특허 데이터의 시계열 분석과 문헌 연구, 사례 연구를 통해 한국기업의 특허 등록 변천사를 통해 본 기술혁신역량 및 특허전략의 변천에 대해 체계적이고 심층적인 실증 분석을 행함으로써 한국기업의 미래 전략방향 설정에 도움을 주고자 하는 데 주요한 연구 목적을 지니고 있다.

2 특허 데이터의 설명 및 특허 기반 분석

한국 기업의 특허전략의 변천 및 주요 특징을 분석하기 위해 본 연구에서는 국내 및 미국의 특허 데이터를 활용한다. 최근 들어와서 특허는 기술적 산출물과 혁신 역량을 설명하는 데 있어 매우 중요한 지표로 여겨왔다(Hall, Jaffe, and Trajtenberg, 2000). 특히 특허 데이터는 체계적으로 축적되어 있고, 상세한 정보를 보유하고 있는 장기간에 걸친 자료라는 점에서 많은 주목을 받아 왔다.

기업이 어떤 국가에서 지적 재산권을 보호 받고 경제적 이득을 획득하기 위해서는 특허등록을 해야 한다. 해외 특허 출원은 일반적으로 더 많은 비용이 소요되기 때문에 기술 개발자들은 해당 기술이 해외시장에서도 경제적으로 가치가 있을 때에만 해외 특허를 획득하고자 한다. 그리하여 해외에 등록된 특허들은 경제적 · 기술적 측면에서 상대적으로 큰 가치를 가진다. 또한 미국이 세계에서 가장 큰 기술시장이라는 점은 많은 외국 기업들이 미국에서 특허를 출원하도록 만든다(Albert, Avery, Narin, and McAllister, 1991). 따라서 특허를 기반으로 한 기존의 국가간 비교 연구는 주로 미국의 특허 데이터를 활용해 왔다(e.g., Almeida, Song, and Grant, 2002). 본 연구 또한 미국의 특허 데이터를 통계 분석의 주된 데이터베이스로 사용한다. 본 연구에서는 특허 데이터를 활용하여 1975년에서 1999년까지 출원된 미국의 특허들을 분석하여 미국에서 출원된 한국 특허의 독특한 패턴과 경향을 다른 국가들의 경우와 비교하여 분석하고자 한다. 이에 대한 보조 자료로는 특허청의 국내 특허 출원 및 등록 자료를 함께 사용한다.

본 연구에서 사용하는 미국 특허 데이터는 출원기관(assignee), 출원인(inventor), 특허, 그리고 인용(citation)에 대한 상세한 자료를 포함한다. 이를 통해 출원기관과 출원인의 이름과 주소를 확인할 수 있을 뿐 아니라, 출원 및 등록 일자, 각 특허의 주요 기술 분류와 같은 특허별 자료도 얻을 수 있다. 미국 특허청(USPTO)이 채택한 특허 기술 분류(Patent technology class)가 산업 분류(Industry classification)와 다르기 때문에 기계, 전자, 화학산업과 같은 일부 산업에 대해서는 미국 특허청(USPTO)으로부터 제공 받은 산업-특허 분류 색인표를 사용하였으며 반도체, 제약, 생명공학산업의 색인표는 기존의 연구(Almeida 외)에서 이용된 것을 사용하였다. 또한 개별 특허 각각에 대한 연구와 더불어 인용에 관한 정보의 분석을 통해 특허의 근본 기술의 출처를 밝힘으로써 특허에 기초한 혁신의 형태를 살펴보고자 하였다.

3 연구의 구성

이 책은 크게 4개의 부분으로 구성되어 있다. 먼저 제Ⅰ장에서는 한국의 특허가 국내외적으로 지니는 전반적인 패턴 및 경향을 살펴보았다.

제Ⅱ장에서는 한국 특허 건수의 급속한 증가를 설명할 수 있는 주요 요인들을 제시하고 이를 검증한다. 이 과정에서 다음의 네 가지 가정에 대한 상세한 연구가 진행된다.

- 수요견인의 관점: 반도체와 생명공학 산업을 비롯한 신흥 산업에서의 보다 많은 기술적 기회
- 지적재산권-압력의 관점: 한국의 강화된 지적재산권 보호 환경
- 공급압력의 관점: 특허 주도적인 하이테크 부문으로의 산업 업그레이드
- 기업전략의 관점: 한국 산업에 있어 재벌의 핵심적 역할 및 혁신 역량과 R&D 관리에 대한 강조

최근 한국에서의 급격한 특허 증가에 영향을 미친 주요 요인들을 보다 체계적으로 분석하기 위해, 이 책에서는 대응표본 t-검정, 상관관계 분석 등 다양한 통계분석을 실시하였다. 또한 각 가정에 대해 긍정적, 부정적 관점의 자료를 수집하여 통계분석을 진행하였다.

제Ⅲ장에서는 한국 지적재산권에 있어서의 주요 변화와 이러한 변화가 국내외 한국 특허에 대한 영향력을 분석한다. 특히 시간에 따른 한국의 지적재산권 변화과정을 상세하게 제시하면서 주요 변화를 살펴본다. 이를 바탕으로 한국에서 지적재산권, R&D 투자, 기술 변화 및 특허 간의 관계를 분석하고, 다른 개발도상국들에 대한 시사점을 제시한다.

제Ⅳ장에서는, 산업과 기업을 분석단위로 하여 한국 특허의 패턴과 경향을 살펴본다. 먼저 주요 산업에 있어서의 특허 경향을 분석하고, 주요 한국기업과 유사 해외기업 간의 비교 분석을 실시한다. 또한, 전자/반도체 및 화학/제약/생명공학의 2개의 주요 산업군에 속해 있는 5개의 대표 기업들을 대상으로 비정형화된 인터뷰를 진행하였다. 주요 기업들과의 인터뷰를 통해 기업 전략의 관점을 보다 자세하게 분석한다. 이를 통해 한국의 전자와 반도체 기업들은 미국에서 특허 건수를 증가시키는 데 매우 성공적이었던 반면, 화학 · 제약 · 생명공학 기업들이 상대적으로 성공을 거두지 못한 원인에 대해 규명해 보고자 한다. 최종적으로 혁신 역량을 빠르게 개발한 한국의 성공적인 대표 사례로써, 반도체 산

업과 삼성전자에 대한 상세한 사례 분석을 실시한다.

이 책은 제Ⅴ장에 나와 있는 연구결과의 요약과 시사점의 제시로 마무리된다.

제 I 장

한국 특허의 진화양상 분석

제 I 장에서는, 한국 특허의 시대적인 진화 양상에 대한 체계적인 분석을 통해서 한국 특허의 주요한 패턴과 동향을 검토한다. 이를 위해 국가간 비교를 통해 한국 특허가 지니는 독특한 특징을 확인하고자 한다. 또한 산업 단위의 비교 분석도 실시한다.

1 미국 내 한국 특허 등록의 패턴과 경향

1) 국가간 비교 분석

이 책 서론에서 언급된 바와 같이, 〈그림 I－1〉은 한국이 미국 내 특허 건수 증가에 있어 이례적으로 성장하였음을 나타내고 있다. 〈그림 I－2〉와 〈그림 I－3〉은 특히 1990년대에 이르러 한국이 특허 건수의 연간 성장률 측면에서 미국을 앞섰음을 보여준다. 한국은 1980년대 후반 이후 미국내 특허 건수 측면에

〈그림 Ⅰ－1〉 미국 내 한국 특허 현황

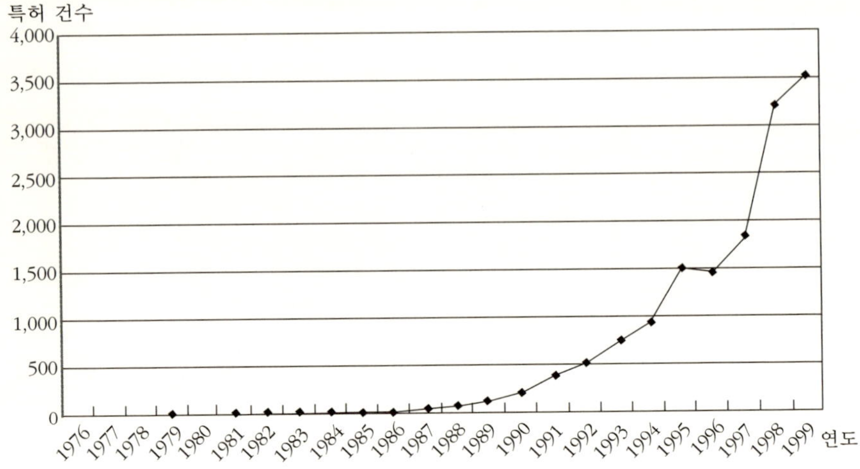

〈그림 Ⅰ－2〉 주요 국가의 미국 내 연간 특허 출원 건수

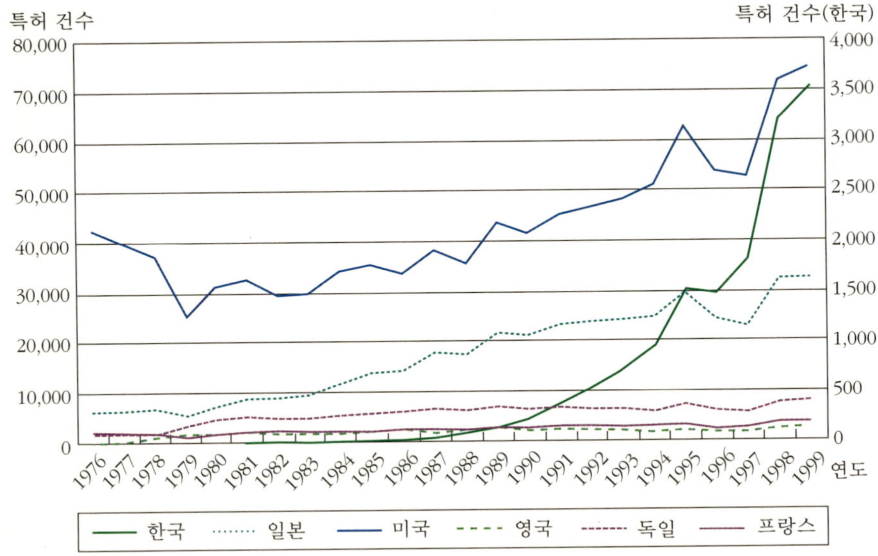

〈그림 Ⅰ-3〉 독일, 프랑스, 영국과 한국의 특허 경향 비교 분석(USPTO 특허 등록 기준)

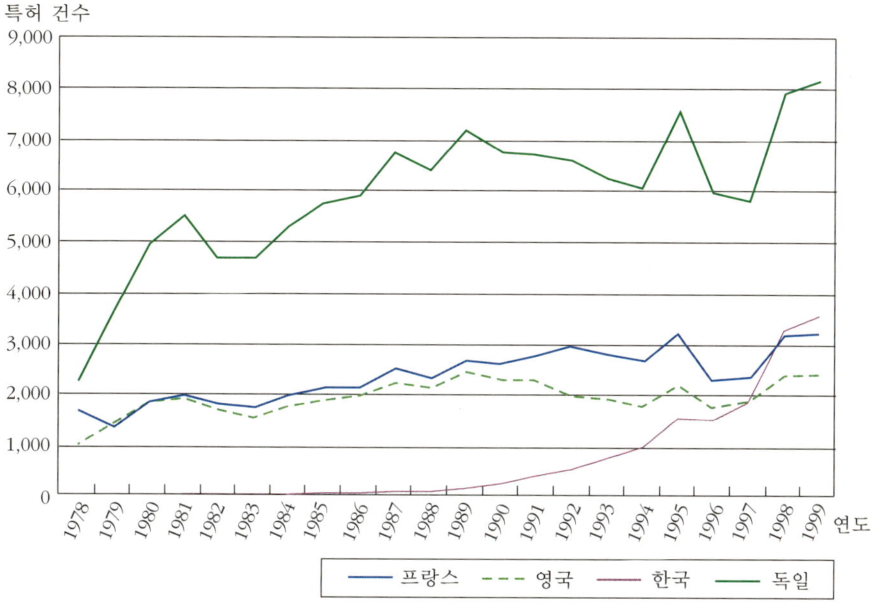

서 폭발적인 성장을 보였다. 〈그림 Ⅰ-3〉은 1997년 이후 미국에서의 한국 특허 건수가 영국과 프랑스의 특허 건수를 넘어섰음을 보여준다.

1980년부터 1999년까지 미국 내의 한국 특허 건수의 연간 성장률이 주요 선진국보다 높았는지를 분석하기 위해 대응표본 t-검정(Matched pair t-test)을 실시하였다. 〈표 Ⅰ-1〉에 나타난 t-검정의 통계적 결과치를 살펴보면, 미국 내 특허 건수에 있어서 한국의 성장률은 미국, 일본, 프랑스, 독일보다 더 높음을 알 수 있다. 1990년대의 주요 선진국과 한국에 대한 통계적 차이를 분석한 t-검정에서도 비슷한 결과를 얻을 수 있었다. 1990년대 전반에 걸쳐 미국 내 한국의 특허 등록 건수는 각각의 비교 대상 국가에 비해 월등히 높았다.

〈그림 Ⅰ-4〉는 미국 내 특허 생산에 있어 한국과 대만이 1980년대 중반까지는 인도, 브라질, 싱가포르 등 주요 개발도상국과 유사한 단계에 속해 있었으나, 1980년대 후반부터 다르게 성장하였음을 나타낸다. 이는 미국 내 한국 특허 건수의 증가가 신흥 산업화 단계의 국가에게 나타나는 일반적인 현상이 아니라,

〈표 Ⅰ-1〉 주요 국가 대비 한국의 연간 특허 건수 증가율 비교 t-검정 분석
(1980~1999년 사이 미국 내 특허 출원의 연간 성장률 기준)

대응표본 차이	평균	표준편차	t-값
한국 - 일본	.3945	.7265	2.428**
한국 - 영국	.4608	.7450	2.766**
한국 - 프랑스	.4413	.7418	2.661**
한국 - 독일	.4477	.7544	2.654**
한국 - 미국	.4348	.7348	2.646**

주: *: p=0.1, **: p=0.05, ***: p=0.01

〈그림 Ⅰ-4〉 한국과 주요 개발도상국의 특허 경향 비교분석(USPTO의 특허 등록 기준)

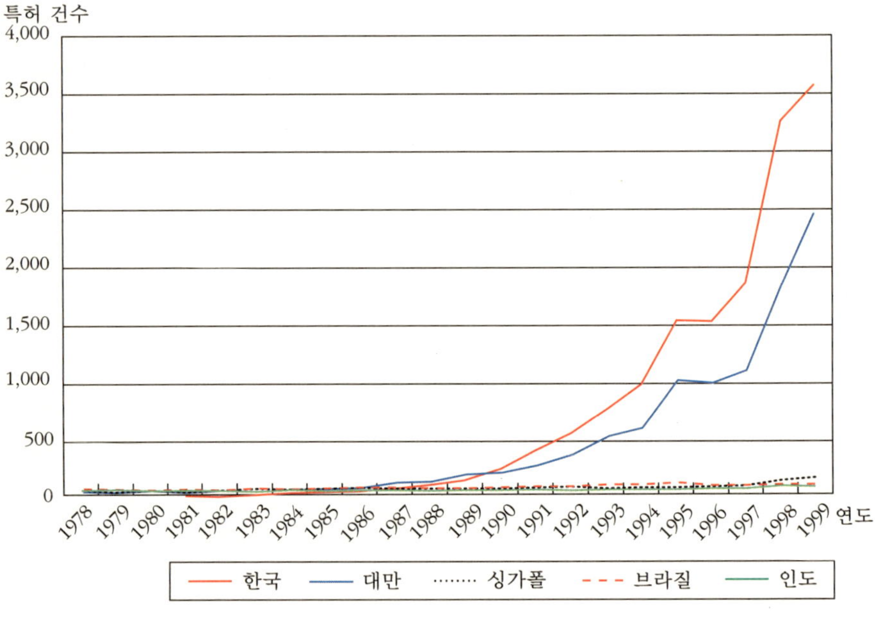

한국과 대만만의 독특한 현상임을 확실하게 보여주는 것이다.

2) 산업 수준의 패턴

이 책에서는 미국에서 승인된 한국 특허의 패턴과 경향에 대한 산업 수준분석

도 실시하였다. 〈그림 I-5〉는 USPTO에 출원된 화학 · 기계 · 전자 · 반도체 · 생명공학 · 제약 산업 등의 산업 부문을 기준으로 일반적인 산업 수준 특허 승인 경향을 보여주고 있다. 이를 통해 기계 · 화학 · 전자 산업이 전반적으로 가장 많은 특허를 획득하였으며, 이 중에서도 특히 전자산업은 특허 건수에 있어 가장 높은 성장률을 보이고 있음을 확인할 수 있다. 또한, 반도체와 생명공학 산업 역시 특허 건수에 있어서 급격한 성장을 보였다.

〈그림 I-5〉는 미국에서 승인된 한국 특허의 산업 수준 경향을 나타낸다. 이를 〈그림 I-5〉에서 살펴본 일반 경향과 비교하면, 미국에서 승인된 한국 특허 중 전자산업, 그 중에서도 특히 반도체산업이 독보적임을 확인할 수 있다. 〈그림 I-6〉에서 보여지는 미국 특허 통계 중 산업별 비중과는 달리, 미국에 승인된 한국 특허 중 자동차를 포함한 기계산업 및 화학산업의 비중은 전자산업의 비중에 비해 훨씬 낮다. 특히, 〈그림 I-5〉에서 나타나는 1976년에서 1999년 사이

〈그림 I-5〉 미국에서 출원된 특허의 산업 수준 경향(USPTO 등록 특허 건수 기준)

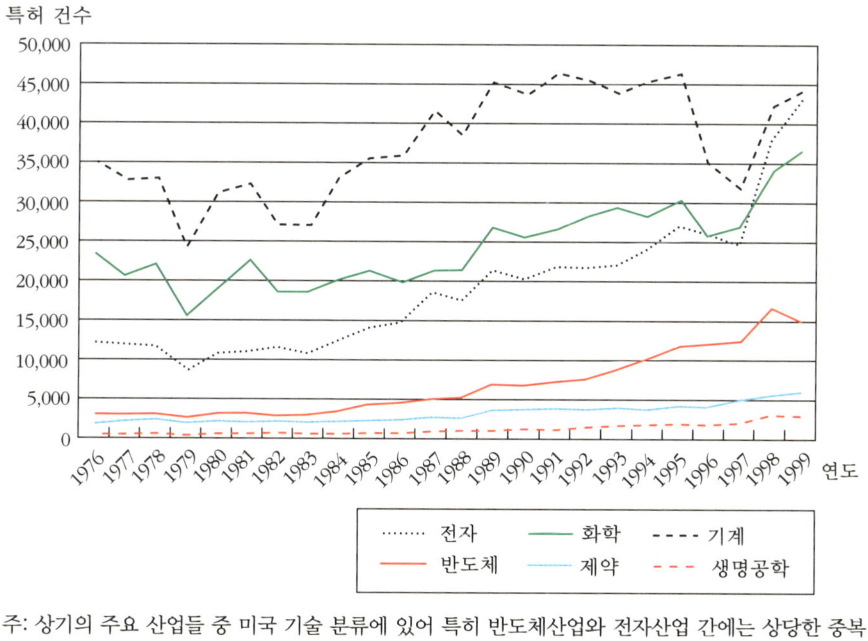

주: 상기의 주요 산업들 중 미국 기술 분류에 있어 특히 반도체산업와 전자산업 간에는 상당한 중복이 존재함

〈그림 Ⅰ-6〉 특정 산업별 미국 내 한국 특허 출원 현황

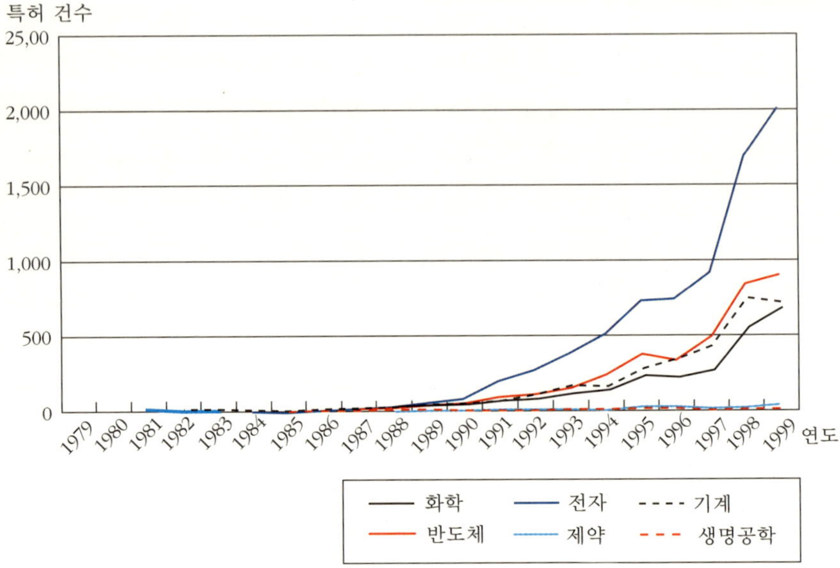

의 전체 미국 특허 통계 중, 화학과 특히 기계 산업의 성장률이 보통 수준임에 비해, 1990년대 중반 이후 한국에 승인된 기계 및 화학 특허의 성장률은 상승하기 시작한다. 하지만, 이 두 산업의 성장률은 1990년대에 들어서도 전자산업이나 반도체산업보다 낮은 성장률을 보인다. 반면, 미국을 위시하여 세계적으로 제약과 생명공학 분야에서의 특허 생산 건수가 상당히 컸음에도 불구하고, 한국의 해당 분야의 특허의 비중은 매우 미약하다.

2 한국의 특허 통계 경향

〈그림 Ⅰ-7〉에서 보듯이 국내에서의 특허 출원과 등록 현황 또한 1980년대 이후 유사한 급성장세를 보인다.

〈그림 Ⅰ-7〉 출원인별 국내 특허 출원 경향(내국인 출원인 Vs. 외국인 출원인)

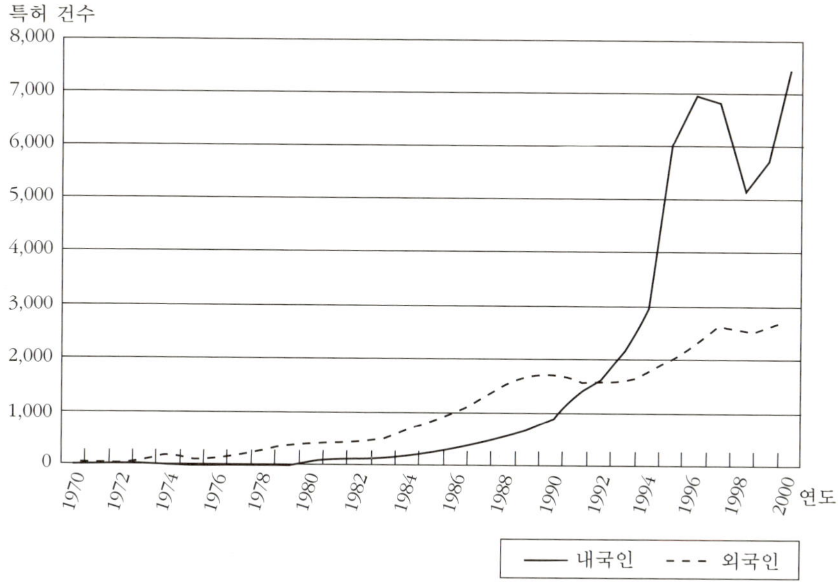

국내의 특허 출원에 대한 분석을 통해 다음과 같은 특징을 발견할 수 있었다. 첫째, 1980년대 중반부터 1997년 경제위기가 발생하기 전까지, 내국인에 의한 특허 출원은 급격히 증가하였다. 특히 1990년대 초 중반의 연간 성장률은 매우 가파른 곡선의 형태를 띰을 알 수 있다. 1991년까지는 내국인보다 외국인의 특허 출원 비율이 더 높았으나, 1992년에 이르러서는 내국인의 특허 출원이 외국인을 앞질렀고, 1996년에는 내국인 특허 출원 건수가 외국인의 3배에 이르게 되었다. 두 번째로, 외국인의 특허 출원도 꾸준히 증가하였으나, 내국인의 증가 속도보다는 훨씬 느렸다. 한국에서 이처럼 내국인에 의한 특허 출원이 증가한 것은 다른 개발도상국의 경향과는 큰 대조를 이루는 것이다. 멕시코, 브라질 및 동남아시아 국가들에 있어서 특허 건수의 증가는 전적으로 외국인에 의해 주도된 경우가 많았고, 특히 국제협력조약(PCT: Patent Cooperation Treaty)을 통해 이루어진 경우가 대다수였다(Maskus, 2000c).

〈그림 Ⅰ-8〉의 국내 특허의 산업별 출원 현황을 살펴보면, 미국에서 승인된 한국 특허의 산업 비율과 유사하게 전자산업 및 정보통신 산업이 전체 특허 출

〈그림 Ⅰ-8〉 한국의 주요 산업에서의 국내 특허 출원 현황

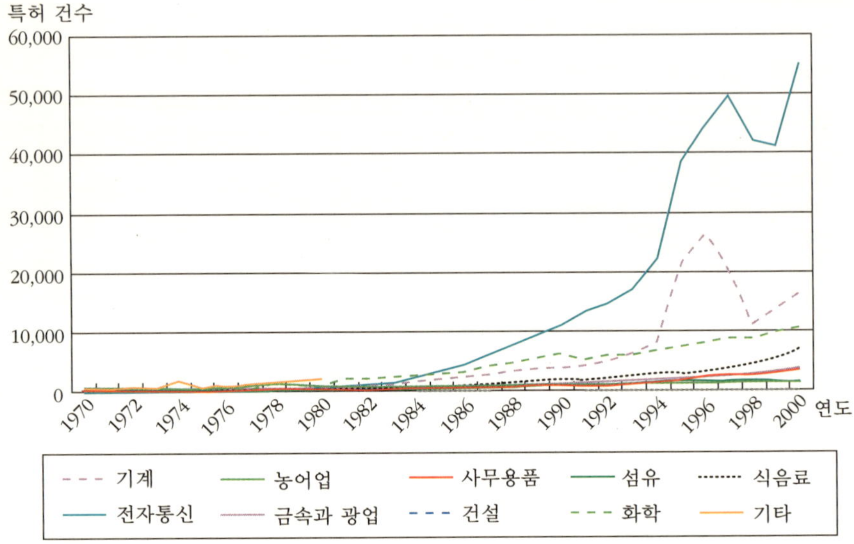

원 중 48%를 차지하는 높은 비중을 보임을 알 수 있다. 국내 특허 출원에 있어 전자산업 및 정보통신산업과 다른 산업 간의 차이는 1980년대 후반 이후 급격히 벌어졌다. 다른 산업에 있어서의 특허 출원 또한 1990년대 기계산업과 화학산업을 중심으로 꾸준히 증가하였지만, 1997년에서 1999년 한국의 경제위기 이후 전자산업 및 정보통신산업과 기계산업 간의 상황이 역전되었다. 그러나 2000년도에 특허 출원 건수가 다시 회복되었음도 주지해야 할 것이다. 전반적인 산업 수준 패턴은 특허 등록 통계와 유사하므로 별도로 다루지는 않는다.

제 II 장

한국 특허의 급증 요인 분석[1)]

제Ⅱ장에서는 시간에 따른 한국의 특허 증가에 영향을 미친 요인들에 대해 체계적으로 분석을 한다. 먼저 한국 특허 건수의 급격한 증가에 대한 주요 이론적 설명들을 제시하고 분석한 후, 주요 요인들에 대한 보다 체계적인 분석을 위해 체계적인 분석을 실시한다.

1 개념적 프레임워크

본 연구의 주된 목적은 지난 20년간 국내외에서 이례적으로 특허 건수의 증가를 가능케 한 한국의 급격한 혁신적 역량 개선의 배경이 되는 요인들을 분석하

1) 본 장의 일부 내용은 Jaeyong Song, 2006. What Is Behind the Surge in Korean Patenting in the United States? 『국제경영연구』, 제17권 4호에 게재된 내용을 바탕으로 작성되었다.

는 것이다. 최근 일부 학자들이 1970년대에 특허 출원 건수의 급락 시기를 거쳐 1980년대에 미국에서의 특허 출원이 다시 증가한 현상을 설명하기 위해 유사한 연구과제들을 진행한 바 있다(Segerstrom, 1998; Kortum and Lerner, 1999). 1970년대에 7만 2,000건에 이르던 내국인에 의한 미국의 연간 특허 출원 건수는 1983년에 5만 9,000건까지 떨어졌다가 1999년에 다시 14만 9,825건으로 증가하였다.

한국의 최근 특허 건수 증가에 대한 실증적 분석을 위해 본 연구에서는 현재 세계적 기술 리더인 미국과는 다른 한국적 상황을 보다 잘 반영하기 위하여 한국의 특허 건수 증가 원인을 설명하기 위해 다음의 네 가지 이론적 관점을 제시하고 검증한다.

- 수요견인(demand pull)의 관점: 반도체와 생명공학 산업을 비롯한 신흥산업에서의 보다 많은 기술적 기회
- 지적재산권 보호 압력의 관점: 한국의 강화된 지적재산권 보호 환경
- 공급압력(supply push)의 관점: 특허 주도적인 하이테크 부문으로의 산업 업그레이드
- 기업 혁신 및 특허전략의 관점: 한국 산업에 있어 재벌의 핵심적 역할 및 혁신 역량과 R&D 관리, 특허전략의 변화에 대한 강조

본 연구는 위의 각각의 관점에 대해 보다 상세하게 서술하고 분석한다.

2 수요견인의 관점: 기술적 기회

한국의 특허 건수 증가에 대한 첫 번째 관점은 수요견인(Demand Pull)의 관점 혹은, Kortum과 Lerner(1999)의 표현을 빌자면 "풍부한 기술의 가정(the fertile technology hypothesis)"이다. 이 관점은 반도체산업이나 생명공학산업

과 같은 특허 주도적 신흥산업에서의 발견과 혁신의 증가가 미국의 특허 건수 증가를 가져왔다고 주장한다. Kortum과 Lerner는 특정 기술에 있어서의 약진이 혁신의 증가를 가져오는 것이라면, 기술 유형에 따라 서로 다른 특허 건수 증가 경향을 보일 것이라고 가정하고, 이러한 가정을 바탕으로 "풍부한 기술의 가정(the fertile technology hypothesis)"을 검증할 수 있는 방안을 제시한다. 즉, 기술적 변혁이 보다 널리 퍼질수록 전세계적 특허 건수가 더 증가해야 할 것이라고 주장하면서, 만약 미국이 신흥기술에 대한 기술적 약진을 주도해 왔다면 해당 분야에 있어서 미국의 특허 건수가 다른 나라나 미국 내 다른 산업에 비해 차별적으로 증가했어야 할 것이라고 주장한다.

본 연구에서는 비슷한 검증논리를 바탕으로 한국적 상황에서 수요견인의 관점을 분석한다. 한국은 주요 신흥기술의 선구자가 아니었고 대부분의 경우에 추종자의 입장이었기 때문에, 산업 구성의 측면에서 한국의 특허 경향이 세계적 패턴과 유사한지에 대한 분석을 실시할 것이다. 특히, 본 연구에서는 지난 20년간 대표적인 신흥 기술 분야였던 한국 반도체산업과 생명공학산업의 특허 경향이 해당 산업의 전세계적 특허 건수 증가 경향과 유사한 성장 패턴을 보이는지 확인하고자 한다.

이를 위해 미국의 특허 데이터를 이용하여 특허 활동의 산업적 패턴을 분석한다. 제 I 장의 〈그림 I－5〉은 반도체산업과 생명공학산업이 전체 특허 건수에 있어 평균 이상의 성장률을 보이는 두 개의 신흥산업이었음을 보여 주었다. 다시 말하면, 이 두 산업부문은 기술적 기회의 관점을 한국적 상황하에서 검증하기에 매우 적합한 주요 신흥산업인 것이다.

1) 반도체산업과 기술적 기회

〈그림 Ⅱ－1〉, 〈그림 Ⅱ－2〉와 〈그림 Ⅱ－3〉은 1980년대 이후 한국 반도체산업의 특허 건수가 폭발적으로 성장했음을 보여준다. 한국은 1980년대 중반까지만 해도 소수의 반도체 관련 특허를 보유하고 있었으나, 1999년도에는 USPTO에 900건 이상의 특허를 등록하였다. 〈그림 Ⅱ－1〉은 반도체산업에 있

〈그림 Ⅱ - 1〉 한국과 전세계의 반도체 특허 비교 분석(USPTO 등록 건수 기준)

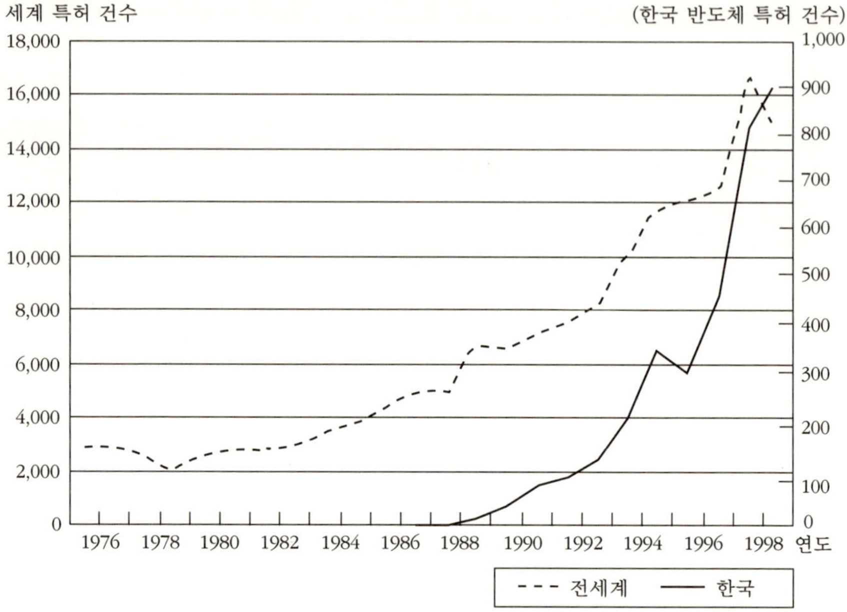

어서 한국 특허의 성장률이 세계적 평균 성장률을 크게 상회함을 여실히 나타내고 있다.

본 연구에서는 〈그림 Ⅱ - 2〉에서처럼 특정 선진국 군과 〈그림 Ⅱ - 3〉의 신흥산업화 국가 군을 비교하였다. 〈그림 Ⅱ - 2〉는 1990년대 중반 이후 한국과 대만의 반도체산업 특허 건수가 영국, 프랑스 및 독일보다 앞섰음을 나타낸다. 하지만 한국과 대만의 성장률에서는 큰 차이가 나타나지 않는다. 또한, 한국이 1990년대에 걸쳐 반도체 특허 건수에 있어서 폭발적인 성장을 보였음에도 불구하고 영국, 프랑스, 독일은 같은 기간 동안 약간의 성장만을 기록한 것을 알 수 있다.

〈그림 Ⅱ - 3〉은 한국과 대만이 신흥공업국 중에서 미국에서 승인되는 반도체 특허의 대부분을 차지하고 있음을 나타낸다. 반면 싱가폴과 브라질은 반도체 혁명이 가져온 기술적 기회를 활용하고 있지 않음을 알 수 있다.

이 같은 결과는 수요견인의 관점이 반도체산업에서 한국 특허가 급격히 증가

<〈그림 Ⅱ－2〉 주요 선진국과 한국의 반도체 특허 비교(USPTO 등록 특허 건수 기준)

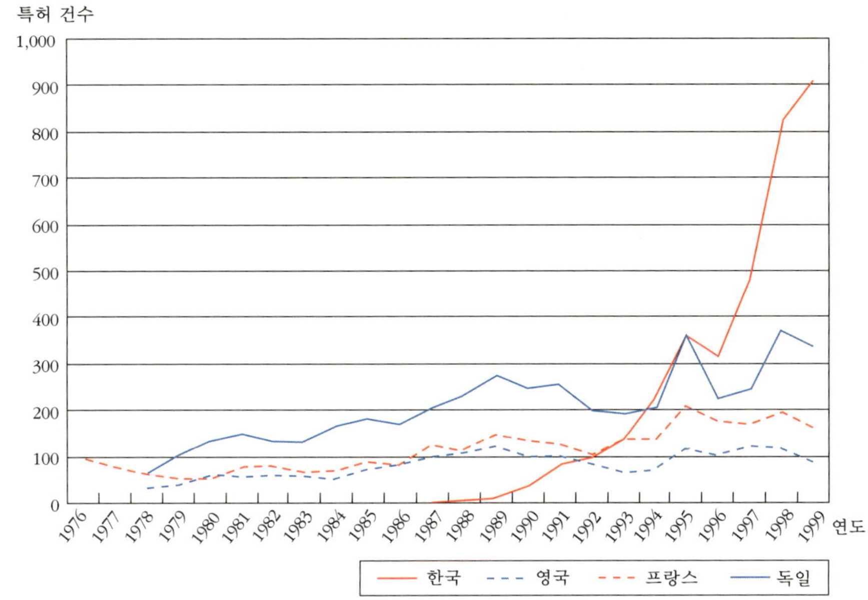

〈그림 Ⅱ－3〉 한국과 주요 신흥 산업화 국가의 반도체 특허 비교
(USPTO 등록 특허 건수 기준)

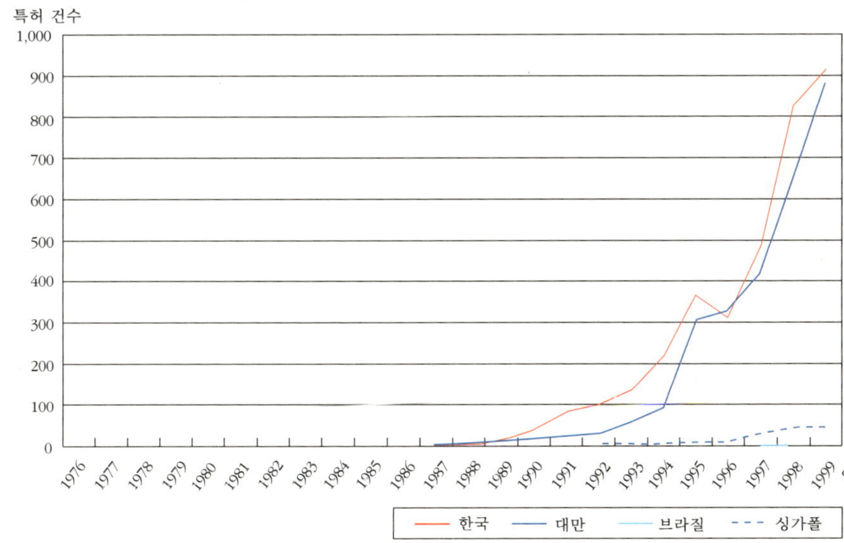

한 사실을 어느 정도까지 설명하기는 하지만, 1990년대 미국에서의 한국 반도체 특허의 매우 급격한 성장을 설명하기 위해서는 수요견인의 관점 이외에도 추가적인 설명이 필요함을 제시하는 것이며, 이는 추가적인 국가간 비교 분석을 통해 검증될 수 있을 것이다.

2) 생명공학산업과 기술적 기회

본 연구에서는 생명공학산업에 대해서도 유사한 분석을 실시하였다. 〈그림 Ⅱ－4〉는 USPTO에 등록된 한국과 기타 국가들의 생명공학 특허 건수를 비교한 결과를 나타낸다. 이를 바탕으로 1980년대 중반 이후 생명공학 관련 특허가 전반적으로 급격히 성장하였음을 알 수 있다. 하지만 한국은 전체 생명공학 관련 특허 중 약 1% 미만을 차지하고 있으며 생명공학 혁명의 이점을 누리지 못하였음을 파악할 수 있다. 1999년에는 총 2,726건의 생명공학 관련 특허가 USPTO에 등록되었지만 같은 해 한국은 총 15개의 생명공학 특허 획득하는 데 그쳤다.

〈그림 Ⅱ－4〉 한국과 기타 국가들의 생명공학 특허 건수 비교(USPTO 등록 건수 기준)

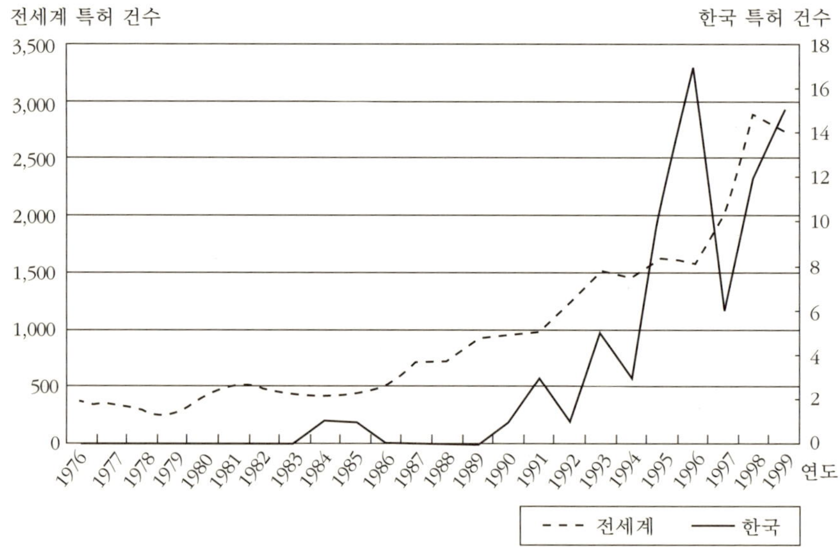

지난 20년간 기술적 기회를 가져온 두 가지 주요 영역이었던 반도체산업과 생명공학산업의 특허 경향에 대한 분석을 바탕으로, 본 연구에서는 수요견인의 관점이 한국의 특허 성장에 대한 일부분만을 설명하고 있다고 결론지었다. 즉, 한국이 반도체 기술의 급격한 성장을 잘 활용했지만, 1990년대에 반도체 특허에 있어 전세계 평균보다 더 빠른 성장을 보였기 때문에 수요견인의 관점이 반도체 산업에 있어서의 한국의 성공을 설명하기에 충분하지 못하다고 할 수 있다. 특히, 전세계적인 특허 성장을 주도한 생명공학 부문에서 아직 소수의 특허만을 획득하였다는 것은 한국이 생명공학 혁명의 기회를 잘 활용하지 못하고 있음을 의미한다.

3 지적재산권 보호 압력의 관점

한국의 최근 특허 건수 증가를 설명하기 위한 두 번째 관점으로써 지적재산권 보호 법규 및 환경의 역할에 대해 분석하였다. 제Ⅲ장에서 상술하는 바와 같이 지적재산권은 일반적으로 특허 활동을 활발하게 만드는 것으로 여겨져 왔다.

정부는 지적재산권 강화를 통해 종종 새로 개발된 기술의 사용과 판매에 대한 독점적인 권리를 설정함으로써 지식 창조와 경영 혁신을 촉진하려고 한다 (Maskus, 2000b). 특히 정부는 지적재산권을 강화함으로써 해외 투자자와 선진 기술을 유치하고자 하는데, 이는 해외 투자자들이 지적재산권 보호가 미약한 국가에서의 현지 경쟁자들에 대한 기술 유출 우려로 인해 해외 투자자들이 기술이전을 꺼리기 때문이다.

앞서 언급했듯이 1980년대 이후 미국에서의 특허 건수 증가를 설명하던 전통적 견해는 법과 법원 명령에 의한 지적재산권의 강력한 보호가 혁신과 특허에 대한 동기부여에 긍정적인 효과를 지닌다는 점을 강조하는 "우호적 법원의 가정(the friendly court hypothesis)"의 관점이었다. 본 연구에서는 한국의 특허 데이터를 이용하여 한국의 지적재산권에 있어서의 주요한 변화가 특허의 급격한 증가에 있어 얼마나 중요하게 작용하는지를 분석하였다. 이 분석을 위한 첫 번째 과제는 한국 지적재산권에 있어서의 주요 변화들을 확인하는 것이었다. 이를 위해 본 연구에서는 특허청 전문가들과 특허 법률인들을 대상으로 인터뷰를 진행하고, 한국의 지적재산권 변화에 대한 기존의 연구결과들을 검토하였으며, 이를 토대로 1970년대 이후 한국의 지적재산권에 있어 3가지 주요 변화가 있었다는 결론을 내렸다. 한국 지적재산권의 3가지 주요 변화의 내용은 다음과 같다.

(1) 1980~1982년: 1980년도에 파리협약(Paris Convention for the Protection of Industrial Property)에 적합하도록 특허법을 개정; 국제협력조약(PCT: Patent Cooperation Treaty)에 따라 1982년 특허법을 개정
(2) 1986년: 제약과 화학 재료에 대한 물질특허 제도의 도입을 위한 1986년 특허법 개정
(3) 1995~1997년: UR/TRIPs(Uruguay Round/Trade Related Aspects of Intellectual Property Rights)의 적용 및 항소/재판 체계의 개혁을 위해 1995년 특허법 개정; 특허 등록 이후 이의신청제도를 도입하기 위해 1997년 특허법 개정

본 연구의 제Ⅲ장에서 각각에 대해 보다 상세한 설명을 할 것이다. 하지만 1990년대 후반에 발생한 변화의 효과를 분석하기에는 시계열 자료가 부족하기 때문에 본 장에서는 실증적인 연구를 위해 첫 번째와 두 번째의 변화에 대해 초점을 맞출 것이다. Kortum과 Lerner의 "우호적 법원의 가정(the friendly court hypothesis)"에 대한 검증방법을 사용한다면, 외국인에 의한 특허 출원 건수가 적어도 내국인 특허 출원 건수만큼 증가해야 할 것이다.

〈그림 Ⅱ-5〉는 내국인과 외국인에 의한 특허 출원 현황을 보여주고 있다. 〈그림 Ⅱ-6〉은 전체 특허 출원 건수 대비 외국인 특허 출원 건수를 보여준다. 이는 특히 한국에서 외국인에 의한 특허 출원이 1980년대에 두 가지 주요 변화를 겪었음을 나타낸다. 외국인에 의한 첫 특허 출원 급증은 1980~1982년 사이 한국 지적재산권에 변화가 생긴 직후인 1983년 일어났다. 이후 외국인에 의한

〈그림 Ⅱ－5〉 출원인별 국내 특허 출원 경향(내국인 출원인 Vs. 외국인 출원인)

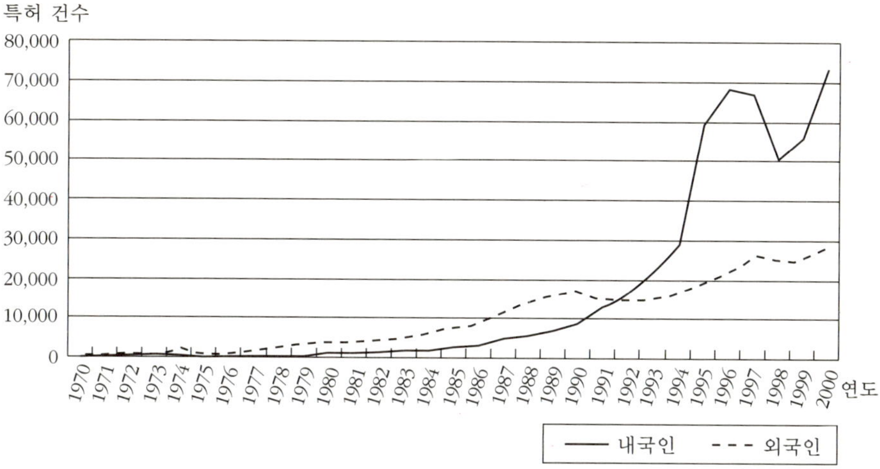

특허 출원 급증은 1986년과 1987년 사이, 제약과 화학 부문에서의 물질특허가 도입된 이후에 일어났다. 특히 여기에서는 1980년대 한국에서 지적재산권에 주요한 변화가 발생하자 내국인에 의한 특허출원이 지속적으로 일어났음에도, 내국인에 의한 특허 출원보다 외국인에 의한 특허 출원이 더 많았음을 주지할 필요가 있다. 이와 같은 패턴은 지적재산권의 주요 변화가 특허에 있어서 중요한 역할을 한다는 지적재산권 보호 압력의 관점을 지지한다.

본 연구에서는 또한 1986년 물질특허제도 도입의 효과가 이후의 한국 특허증가에 대해 미친 영향을 분석하였다. 〈표 Ⅱ－1〉은 1986년 특허법 개정 이후 한국에서의 물질특허 출원 경향을 보여주고 있다. 물질특허가 도입되자 마자, 외국인의 물질특허 등록은 급격히 증가하였다. 안타깝게도 1987~1990년의 물질특허에 대한 연간 자료가 없지만, 평균적으로 해당기간 동안 외국인들은 연간 총 1,500여 건의 물질특허를 출원하였다. 1980년대 후반 물질특허 출원 바람이 지나가자, 외국인에 의한 연간 물질특허 출원 건수는 1994년까지 계속 감소하였으며, 1996년 이후에야 다시 증가세를 보였다. 특히 1980년대 후반에 외국인에 의한 물질특허 출원 건수가 내국인 대비 15배 가량 많았다는 점을 주지할 필요가 있으며, 이는 외국인들이 주로 한국의 지적재산권보호 환경변화에 있어 초

〈그림 Ⅱ－6〉 출원인별 국내 특허 출원 경향(전체 출원인 Vs. 외국인 출원인)

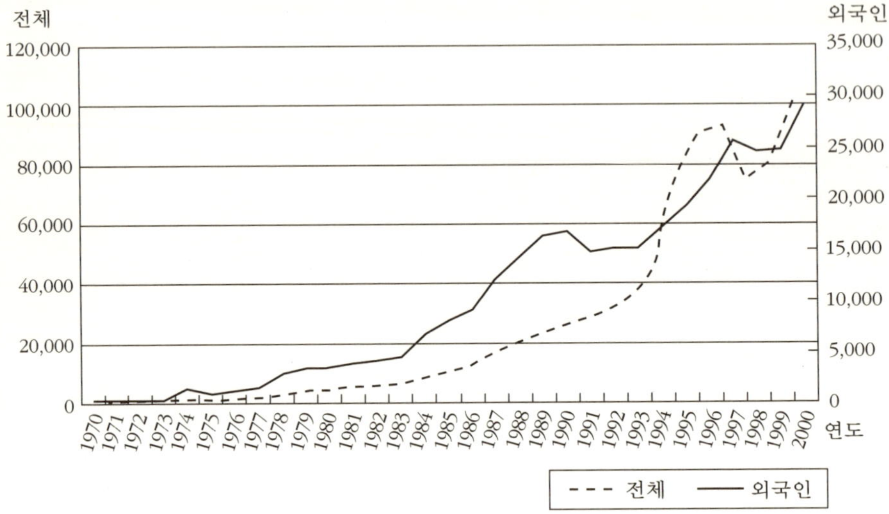

〈표 Ⅱ－1〉 한국의 물질특허 출원 현황(건수)

구분	1987~1990	1991	1992	1993	1994	1995	1996	1997	1998
국내 거주인	354	161	178	243	346	311	347	582	547
해외 거주인	5,950	1,448	1,214	1,078	1,098	1,147	1,084	1,343	1,482
전체	6,304	1,609	1,392	1,321	1,444	1,458	1,431	1,925	2,029

출처: 특허청

기 수혜자였음을 증명하는 것이라 할 수 있다.

상기의 분석결과를 요약하자면, 1980년대 한국의 지적재산권에 대한 주요 변화 이후 외국인에 의한 특허 출원이 내국인에 의한 특허 출원보다 많았다는 점은 지적재산권 보호 압력의 관점이나 "우호적 법원의 가정"을 뒷받침하는 것이라 결론 내릴 수 있다.

또한 1990년대 미국에서의 한국 특허의 경향에 대한 분석도 실시하였다. 〈그림 Ⅱ－5〉는 1980년대 내국인에 의한 국내 특허 출원이 증가하였으나, 1990년대에 급격한 특허 출원이 이루어졌고, 1994년에는 보다 급증하였음을 보여준다. 1990년대에 이르러 내국인에 의한 특허 출원 건수가 외국인의 특허 출원 건수를 뛰어넘었다.

제Ⅰ장에서의 〈그림 Ⅰ-1〉 또한 미국에서의 특허 등록 건수 측면에서 봤을 때 1990년대에 들어 한국의 특허 등록이 급증하였으며 그 중에서도 1997년경 급격한 성장을 했음을 보여준다. 이는 특허 출원과 승인 사이의 2~3년 차이를 반영하는 것이며, 1990년대 초반에서 1995년 사이에 한국 지적재산권에 주요 변화가 없었다는 사실 또한 감안해야 할 것이다. 게다가 1986년 물질특허제도의 도입이 전자 혁신과 아무런 관련이 없었던 것과는 반대로 1990년대 한국 특허 건수의 증가는 전자 관련, 특히 반도체 관련 특허의 큰 증가와 밀접한 관계가 있다.

따라서 본 연구에서는 지적재산권압력의 관점이 1980년대 한국에서의 외국인 특허 출원 증가를 설명할 수 있고, 1980년대 초반의 지적재산권의 주요 변화가 1990년대의 한국 특허에 지연 효과(lagged effect)를 주었다고 하더라도, 1990년대 국내외에서의 한국 특허 증가를 설명하는 데에 부족하다고 생각한다. 그러므로 보다 강력한 지적재산권의 보호나 순수한 기술적 기회를 제외하고, 1990년대의 한국의 특허 건수 증가를 보다 설득력 있게 설명할 수 있는 다른 중요한 원인이 존재할 것으로 생각된다.

4 공급압력의 관점: 산업 업그레이드

한국은 근대 역사에 있어 가장 훌륭한 경제적 성장을 이루었으며, 정부는 압축적인 경제개발과정에 있어 중요한 역할을 담당하였다(Amsden, 1989; Song, 1997). 한국 정부는 1960년대부터 산업정책을 적극적으로 추진하였고, 1960년대에 노동집약적 경공업 중심에서 1970년대 중화학공업으로, 그리고 1980년대와 1990년대에 보다 기술집약적인 하이테크 산업으로 산업정책의 초점을 바꾸었다. 급속한 경제개발을 추구함에 있어, 한국 정부는 수출자들에게 다양한 인센티브를 제공함으로써 수출 기반 성장 전략을 추진하였다

〈표 Ⅱ－2〉 한국의 상위 10대 산업의 변화(생산 가치 기준)

구분	1975	1985	1995	2000
1	섬유 및 의류	섬유 및 의류	전자	전자
2	정유	전자	자동차	자동차
3	화학	화학	섬유 및 의류	섬유 및 의류
4	식품	정유	화학	화학
5	전자	식품	기계	식품
6	철강	철강	철강	정유
7	담배	조선	식품	철강
8	음료	자동차	금속제품	기계
9	합판	금속제품	정유	금속제품
10	고무	기계	조선	조선

출처: 통계청

〈표 Ⅱ－3〉 상위 10대 수출 품목의 변화

구분	1975	1985	1994
1	섬유 및 의류	섬유 및 의류	전자제품
2	전자제품	전자제품	섬유 및 의류
3	철강	철강	화학 제품
4	합판	신발	철강
5	신발	선박	자동차
6	수산물	기계	선박
7	선박	플라스틱 제품	기계
8	금속 제품	자동차	신발
9	정유화학 제품	금속제품	플라스틱 제품
10	플라스틱 제품	합판	정유화학 제품

출처: 산업연구원, 1997

〈표 Ⅱ－2〉와 〈표 Ⅱ－3〉은 지난 30년간의 상위 10대 산업과 상위 10대 수출 품목을 각각 보여준다.

중화학 산업에서 하이테크 산업으로 단계적으로 산업을 업그레이드하려는 정부의 시도는 기업들이 치열한 국제 경쟁 속에서 살아남기 위해 해외 기술을 습

〈그림 Ⅱ -7〉 한국 기업들에 의한 기술 수입 현황

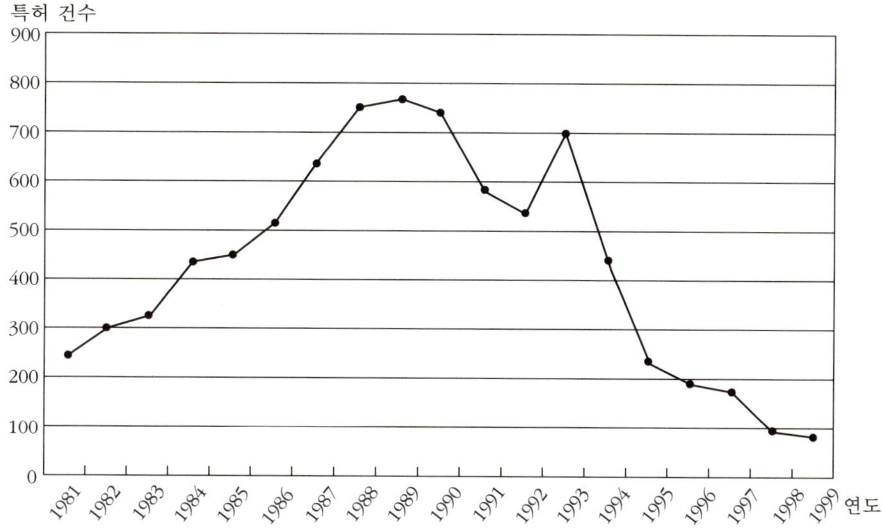

출처: 한국 산업기술협회

득하고, 흡수하고 개선하는 기술적 학습에 많은 투자를 하도록 만들었다(Kim, 1997). 〈그림 Ⅱ - 7〉은 지난 20년간 한국의 기술 수입 경향을 보여준다. 한국 기업들이 1970년대와 1980년대에 각각 중화학산업과 하이테크 산업에 진입함에 따라, 1980년대에 걸쳐 해외로부터의 기술 라이센싱 건수는 급격히 증가하였다. 그러나 한국 기업들이 독자적인 R&D 역량을 개발하게 됨에 따라 로열티 지급액이 지속적으로 증가하였음에도 불구하고 1990년대에 들어 기술 수입의 건수는 크게 감소하게 되었다.

1980년대 중반, 한국 정부는 새로운 산업진흥법을 적용하면서 산업정책의 초점을 기술 개발로 변경하였다. 새로운 산업정책은 모든 인센티브를 기업의 R&D 및 인적자원개발에 대한 투자 노력에 연동시켰다. 〈그림 Ⅱ - 8〉에서 보듯, 한국의 GNP 대비 R&D 비용의 비율은 1980년대에 0.58%에 불과하였다. 하지만 이 비율은 급격히 증가하였으며, 1990년대에는 2%에 이르게 되었다. 이와 같은 경향은 1997년의 외환위기 때까지 계속되었고, 1997년에는 3%에 달했다.

미국에서의 한국 특허의 산업 수준 경향은 한국의 산업적 업그레이드를 어느 정도 반영한다고 할 수 있다. 〈표 Ⅱ－4〉와 〈표 Ⅱ－5〉은 1990년대에 전자산업이 가장 규모가 큰 산업이자 수출산업으로 성장하였음을 보여준다. 〈표 Ⅱ－4〉는 한국 경제에 있어 전자산업이 지니는 중요성을 보여준다. 특히 한국이 1975년에 13번째로 큰 전자제품 생산국에서 1985년에는 7번째 생산국이 되었고, 전자제품은 1990년대 중반 한국수출의 3분의 1을 차지하게 되었다(산업연구원,

〈그림 Ⅱ－8〉 한국의 GNP 대비 R&D 비용 비율 경향

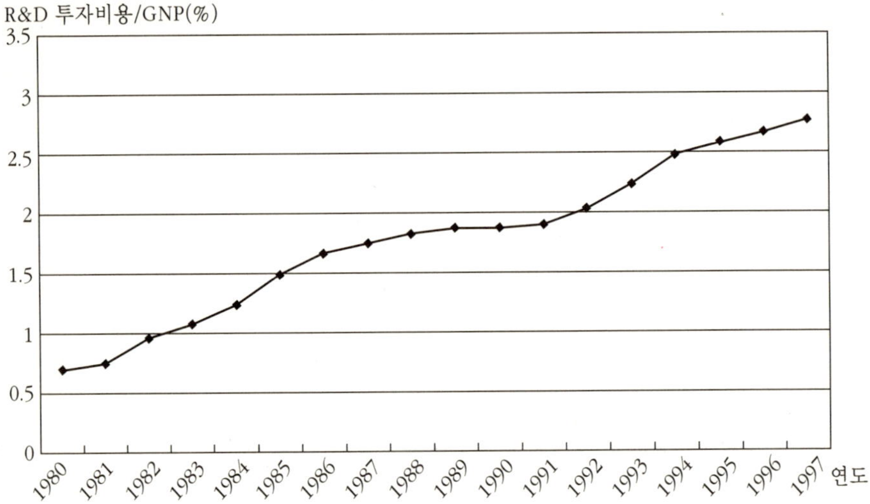

〈표 Ⅱ－4〉 한국 경제에서 전자산업이 지니는 중요성

구분	1965	1975	1985	1996
수출 중 비중(%)	1.1	11.5	15.2	31.8
생산 중 비중(%)	0.7	4.2	8.2	13.6

출처: 산업연구원, 1997

〈표 Ⅱ－5〉 전자산업과 화학산업에서의 RCA 계산결과

구분	한국	일본	미국
전자산업	275	253	133
화학산업	21	45	170

출처: 산업연구원, 1997

1997).

한국 전자산업의 현시비교우위지수(RCA: Revealed Comparative Advantages)의 계산 결과 또한 산업의 상대적 강점을 보여준다. 1993년 한국 전자산업의 현시비교우위지수는 275였던 반면, 일본과 미국의 현시비교우위지수는 각각 253과 133이었다(산업연구원, 1997). 한국 반도체산업의 현시비교우위지수도 매우 높은데, 1990년도에 199였던 현시비교우위지수는 1996년에 287에 이르렀다(Maskus, 2000c). 반면, 한국 화학산업의 현시비교우위지수는 수출산업으로서 상대적 약점을 보여준다.

전자산업이 한국의 주요 생산 및 수출 주도산업이 됨에 따라, 1990년대 미국 내 전체 한국 특허 중 전자와 관련된 특허 승인이 한국이 출원한 전체 특허 중 50% 이상을 차지하면서 지배적인 비중을 차지하게 되었다. 전자산업에 있어서 반도체 부문의 생산과 수출 관련 수치는 두드러진다. 반도체 제품은 1990년대에 한국의 가장 큰 단일 수출 품목이 되었다. 〈표 Ⅱ－6〉은 자동차, 산업전기 등 다른 상품과 대비하여 1990년대에 한국 수출에 있어서 반도체의 중요성을 보여준다.

〈그림 Ⅱ－9〉를 통해 미국 내 전체 한국 특허 중 반도체 특허가 차지하는 비중이 1989년의 10%에서 1999년에 26%로 가파르게 상승하였음을 알 수 있다.

전반적으로 공급압력의 관점은 수요견인의 관점이나 지적재산권압력의 관점보다 한국의 최근 특허 건수 증가를 보다 잘 설명하는 것으로 여겨진다. 공급압력의 관점은 특히 전자산업과 반도체산업에 있어서의 한국 특허 증가를 설명하는데 매우 유용하다. 그러나 이 관점은 한국이 왜 화학산업이나 자동차, 기계산업과 같은 특허 중심적 산업에 있어서 보다 많은 특허를 획득하지 못하였는지에 대해 충분히 설명하지 못한다. 자동차산업과 화학산업은 산업 업그레이드 정책을 통해 1990년대에 가장 규모가 큰 5대 산업에 포함되어 있다. 화학산업은 1980년대에 세 번째로 규모가 큰 산업이기도 했다. 하지만 화학산업에 있어 한국의 특허는 〈그림 Ⅱ－9〉에서 보듯, 1997년 이후에야 증가하기 시작하였다.

〈표 Ⅱ-6〉 전체 수출 중 반도체의 비율(%)

구분	1991	1992	1993	1994	1995	1996	1997	1998
반도체	7.9	8.9	8.5	13.5	17.7	13.8	12.8	12.9
자동차	3.5	3.7	5.5	5.5	6.7	8.1	7.8	7.5
전자제품	6.8	7.3	8.2	8.8	9.2	9.6	8.9	6.7

출처: Joo, 1999

〈그림 Ⅱ-9〉 미국에서 승인된 한국 특허의 산업별 비중 경향

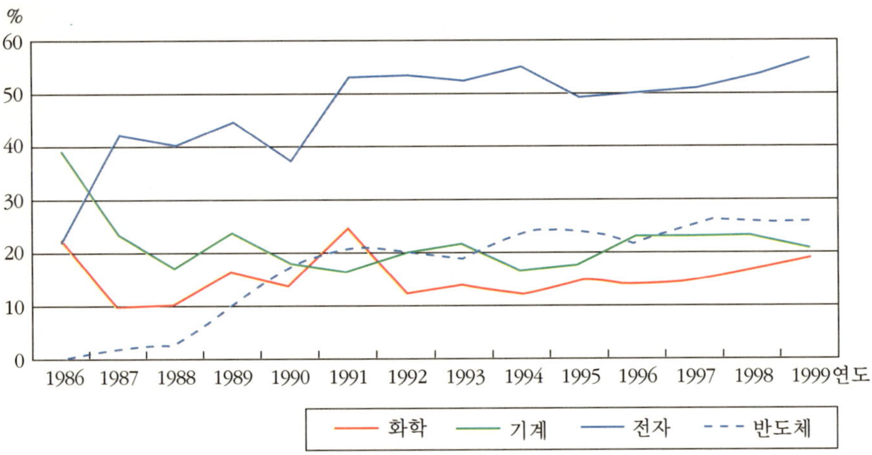

5 기업 전략 관점

상기에서 강조한 바와 같이, 정부는 한국의 경제개발과정에 있어 중요한 역할을 담당하였다. 정부는 기술 집약적인 산업으로의 산업 업그레이드를 추진해 가는 과정에서 정부출연연구기관(GRI)을 설치하여 R&D를 위한 정부의 재원을 이들 정부출연연구기관들에 배분하였다(Lim, 1999). 〈그림 Ⅱ-10〉은 1980년도에 정부출연연구기관들과 비영리 R&D 기관들이 한국의 전체 R&D 비용 지출 중 거의 50%를 차지한 반면 대학과 민간기업은 각각 12.2%와 38.4%를 차지하

〈그림 Ⅱ - 10〉 조직의 형태에 따른 R&D 투자 비중

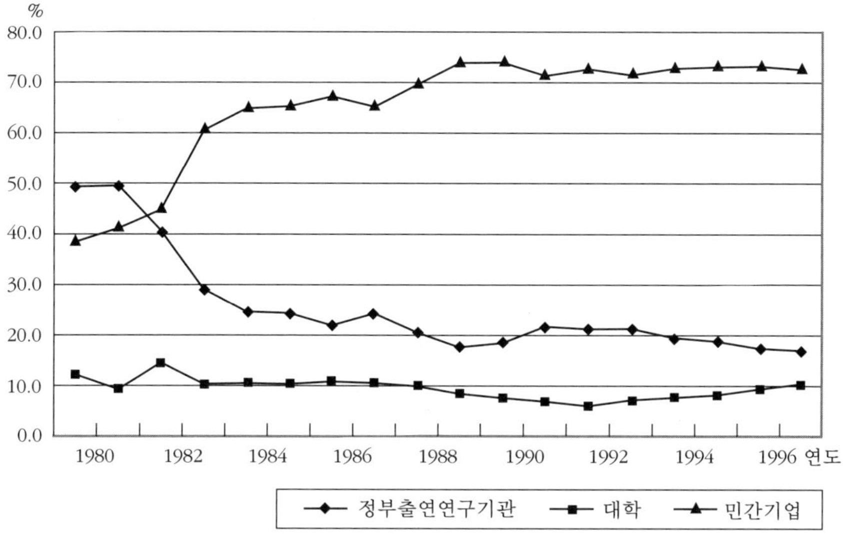

고 있음을 보여준다.

정부출연연구기관들은 민간기업들과의 공동연구 및 기업들 간의 기술정보 확산을 통해 기업들이 산업화 초기 단계에서 해외 기술을 습득하는 데 중요한 역할을 하였다(Kim, 1997). 정부출연연구기관들은 산업고유기술개발프로젝트, 국가 R&D 프로젝트, 선도기술국가 R&D 프로젝트와 같은 국가적 주요 R&D 노력에서도 중요한 역할을 담당하였다. 예를 들어 2020년까지 한국의 기술 역량을 G-7국가의 수준까지 개선하기 위해 시작된 선도기술국가 R&D 프로젝트(선도기술개발사업, G-7 프로젝트) 에서, 정부출연연구기관들은 핵심 연구기관으로써의 역할을 수행했음은 물론 민간 R&D 연구소들과도 공동 연구를 진행하였다. 민간 R&D 연구소들이 주로 응용연구와 개발에 중점을 두었다면 정부출연연구기관들은 특히 기초연구와 응용연구에 있어서 중요한 역할을 담당하였다.

따라서 민간 R&D가 활발하지 못했던 초기 단계에서 정부출연연구기관들의 이와 같은 활동은 한국의 특허 건수 증가에 있어 중요한 역할을 했다고 주장할 수 있을 것이다. 하지만 한국의 특허 통계는 정부출연연구기관과 관련된 특허와

〈그림 Ⅱ－11〉 조직 형태에 따른 한국의 특허 경향

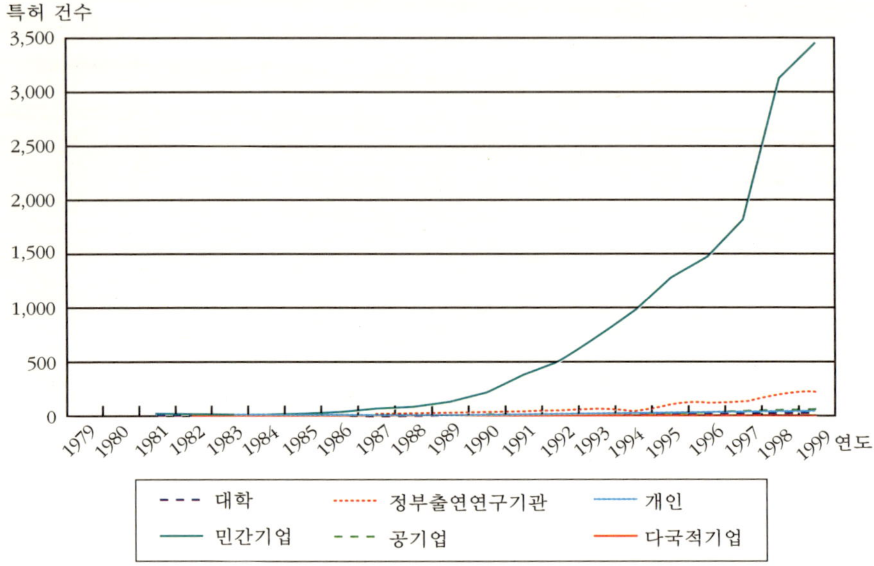

대학, 민간기업에서 출원된 특허를 별도로 구분하지 않는다. 이러한 점 때문에 본 연구에서는 미국의 특허 자료만을 사용했으며, 각 기관의 형태—정부 출연 연구기관, 대학, 민간기업, 개인 개발자, 공기업, 다국적기업의 한국 지사—에 따른 특허 유형을 분석하였다.

〈그림 Ⅱ－11〉은 정부출연연구기관과 민간기업의 특허에 상당한 편차가 존재하며, 특히 1990년대 이후에 그 차이가 더 벌어졌음을 보여준다. 1990년에 정부출연연구기관들은 미국에서 9개의 특허를 등록한 반면, 민간기업들은 1,999개의 특허등록을 하였다. 1999년 정부출연연구기관은 214개의 특허를 등록하면서 건수가 증가하였으나, 민간기업들은 미국에서 총 3,266개의 특허를 출원했다. 1981년까지 그리고 1990년대 들어서도 정부출연연구기관들이 민간기업보다 더 많은 R&D 비용을 지출했다는 측면에서 볼 때(정부출연연구기관들은 민간기업들이 R&D에 사용한 비용의 1/4을 사용함), 특허 건수에 있어서 정부출연연구기관들과 민간기업들 간의 이와 같은 큰 편차, 즉 1990년대에 민간기업이 등록한 특허의 건수가 정부출연연구기관의 특허 등록 건수보다 10배 정도 많은 것은, 놀랄 만한 결과라 할 수 있다.

Lim(1999)은 특허 생산에 있어서 한국 정부출연연구기관들의 낮은 생산성에 대해 비판적인 입장을 취했다. Lim에 따르면, 상당한 R&D 예산을 사용함에도 정부출연연구기관이 그토록 낮은 생산성을 보이는 주요인은 관료주의적 구조와 신기술 및 특허 생산에 대한 연구자 인센티브가 미약하기 때문에 비롯된다고 한다. 더군다나 이러한 문제들은 정부출연연구기관이 우수한 연구자들이 민간기업이나 대학으로 이동하는 것을 막기 더 어렵게 만들었다(Kim, 1997). 또한 정부출연연구기관에 대해 공정한 입장을 취하자면, 정부 지원 R&D는 필연적으로 특허 출원에 이를 가능성이 더 적으며, 결국 공공의 재산으로 여겨질 가능성이 더 많음을 염두에 둘 필요가 있다(Ginarte and Park, 1997).

또한 〈그림 Ⅱ - 11〉은 한국 대학들이 특허를 생산함에 있어 낮은 성과를 보이고 있음을 나타낸다. 한국 특허 통계 자료에 의하면, 대학은 전체 특허 출원 건수 중 2.7%의 비중만을 차지하였다. 한국의 대학들이 전체 R&D 연구자의 1/3을 고용하고 있음에도 불구하고, 대학에서 고용한 연구자의 1/3만을 고용하고 있는 GRI보다도 더 적은 수의 특허를 생산하고 있는 것이다. 게다가 한국에서는 과학과 공학 분야의 박사학위 소지자의 대부분이 대학교수로 일하고 있다. 예를 들어, 1998년에는 과학과 공학 분야 박사학위 소지자의 62%가 대학에서 일하고 있었고, 민간기업에 고용된 비율은 8%에 지나지 않았다(한국산업기술협회, 2000).

한국 대학들의 낮은 R&D 성과는 한국 대학들의 열악한 재무상황과 교수들이 복잡한 연구를 추진할 만한 인센티브가 부족함에 따른 결과인 것으로 보인다. 상기 〈그림 Ⅱ - 10〉에서 나타나듯, 1997년을 제외한 1990년대에 한국 대학들은 한국 전체의 R&D 비용 중 10% 미만을 사용한 것을 알 수 있다.

한국 특허에 있어 정부출연연구기관들과 대학들의 역할에 대한 분석은 한국 특허의 최근 증가는 민간기업이 주요 원동력이었음을 명확하게 보여준다. 〈그림 Ⅱ - 11〉을 보면 민간기업은 미국에서 출원된 전체 한국 특허의 90%를 차지하고 있다. 예를 들어 1990년에는 미국에서 등록된 224건의 한국 특허 중 199건이 민간기업에 의한 것이었다. 같은 해 민간기업들은 그 해 USPRO가 발행한

3,596건의 한국 특허 중 3,266건의 특허를 획득하였다. 〈그림 Ⅱ - 10〉과 〈그림 Ⅱ - 12〉에 의하면 한국의 전체 R&D 비용 지출과 연구자 중 민간기업의 비중은 각각 70%와 50~60%였다. 반면 같은 기간 동안 민간기업이 고용한 과학 및 공학 박사학위 소지자의 비중은 10%에 지나지 않았다. 이와 같은 수치는 R&D 비용 지출, 연구자의 수 등 R&D 관련 투입물 대비 특허 건수 측면에서 한국 민간기업의 R&D 생산성이 다른 R&D 기관들에 비해 가장 좋음을 보여준다.

한국 민간기업의 특허에 대한 추가 연구를 통해 특히 5대 재벌이 1990년대의 특허 생산에 있어서 주도적인 역할을 했음을 확인할 수 있다. 〈그림 Ⅱ - 13〉은 1990년대 동안 5대 재벌 - 삼성, LG(기존의 럭키-금성), 현대, 대우, SK(기존의 선경)에게 승인된 특허 건수가 민간기업 전체 특허 건수 등 90% 이상을 차지하였음을 나타낸다. 미국에서 승인된 한국 특허 중 90% 이상이 민간기업에게 승인된 특허임을 감안할 때, 5대 재벌은 미국 내 한국 특허의 80% 정도를 차지하고 있는 것이다. 5대 재벌에게 승인된 미국 특허는 1990년대 초반부터 빠르게 증가하기 시작하여 1990년대 후반에 더욱 급속한 성장을 보였다.

〈그림 Ⅱ - 14〉는 특히 5대 재벌 중에서도 삼성전자를 보유하고 있는 모기업

〈그림 Ⅱ - 12〉 조직 유형에 따른 연구자 비중

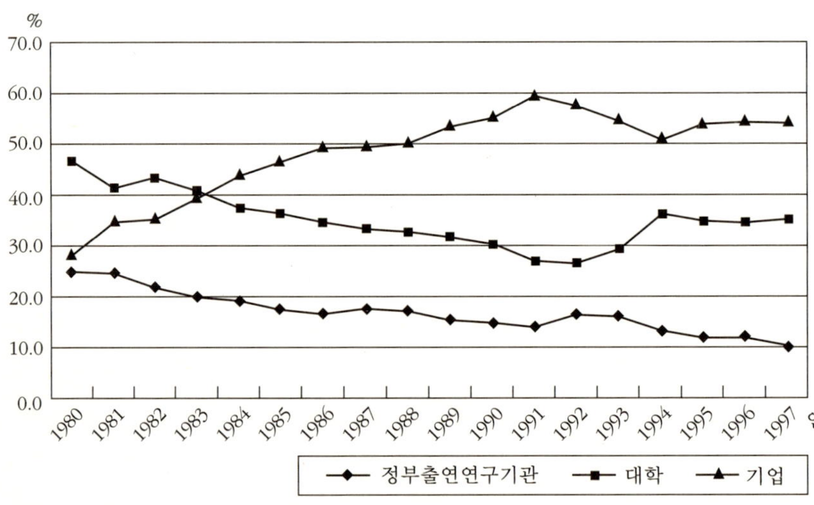

출처: 과학기술부

〈그림 Ⅱ-13〉 미국에서 승인된 한국 민간기업의 전체 특허 건수 중 5대 재벌의 특허 비중

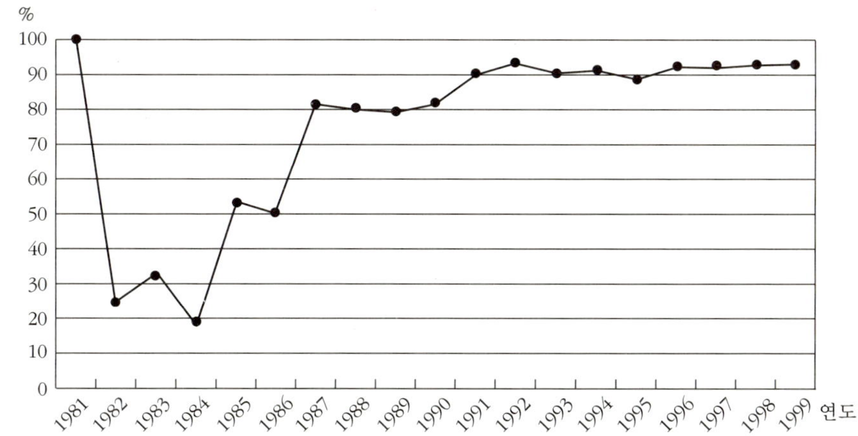

〈그림 Ⅱ - 14〉 5대 재벌의 미국 내 특허현황

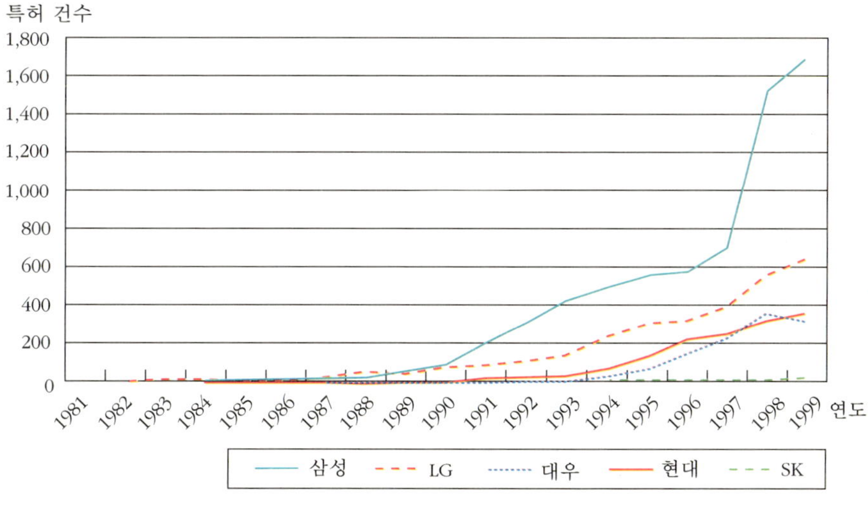

인 삼성그룹이 1990년대 후반 민간기업에게 승인된 전체 특허의 절반을 차지하고 있음을 보여준다. 이는 곧 삼성그룹이 미국에서 승인된 전체 한국 특허의 40%를 점유하고 있다는 뜻이다.

본 연구에서는 5대 재벌의 특허 비중을 제조업의 출하액 비중과 비교하여 보았다. 5대 재벌은 1994년 제조업의 출하액에서 24.6%를 차지하였다. 같은 해

〈표 Ⅱ - 7〉 1997년 기준 GDP 대비 R&D 지출 비율(%)

구분	한국	일본	미국	영국	독일	프랑스	OECD 평균
비율	2.89	2.92	2.71	1.87	2.31	2.23	2.21

출처: OECD, 1999

5대 재벌은 미국에서 승인된 한국 특허의 91%를 점유하였는데, 이는 기타 한국 기업들과 대비되는 이들 5대 재벌의 우수한 연구 생산성을 의미한다.

한국 기업의 미국 내 특허 건수 증가를 가져온 중요한 요소는 R&D 투자에 대한 지독한 집착이었다. 민간기업, 특히 대재벌들은 1980년대 이후 R&D 지출을 급격히 증가시켰다. 결과적으로 한국은 1981~1991년 GDI 대비 민간부문의 R&D 투자에 있어 31.6%를 기록하며 대만의 16.5%, 일본의 8.8%를 뛰어넘어 전세계에서 가장 높은 연간 성장률을 달성할 수 있었다(Kim, 1997). 민간부문은 1997년 한국 전체 R&D 지출 중 77%를 차지하였고, 민간기업의 R&D에 대한 공헌은 계속 증가하고 있다. 민간기업들은 2000년도에 전년에 비해 R&D 지출을 20.5% 증가시켰는데, 같은 해 정부출연연구기관들과 대학들의 연간 R&D 비용 지출 성장률은 각각 9.1%와 2.7%에 불과하였다.

민간기업의 주도 하에서 R&D 비용지출이 급격히 증가함에 따라, 한국은 GDP 대비 R&D 지출 비율이 매우 높아지게 되었다. 〈표 Ⅱ - 7〉에서 보듯, 한국의 GDP 대비 R&D 지출 비율이 2.89%인 데 반해, OECD의 평균은 2.21%이다. 한국의 GNP 대비 R&D 지출 성장률 또한 매우 인상적이다. 1975년에 0.42%였던 비율이 10년 후인 1985년 1.58%로 증가하였고, 1994년에는 2.61%에 이르렀다.

〈그림 Ⅱ - 15〉는 민간기업들이 또한 R&D 연구소의 숫자를 급격하게 확대하여 나갔음을 보여준다. 민간 R&D 연구소는 신생 하이테크 기업들을 육성하고자 하는 정부 정책이 실효성을 거두기 시작한 1990년대 후반 이후에 보다 급격하게 증가하였다. 한국 산업기술협회의 통계에 의하면, 2002년 2월 민간 R&D 연구소의 전체 숫자는 1992년의 1,435개보다 6배 증가한 9,208개가 되었다.

1990년대에는 민간 R&D 연구소의 숫자도 가장 증가하였지만, R&D 투자에

〈그림 Ⅱ－15〉 민간기업의 R&D 연구소(연간 개수)

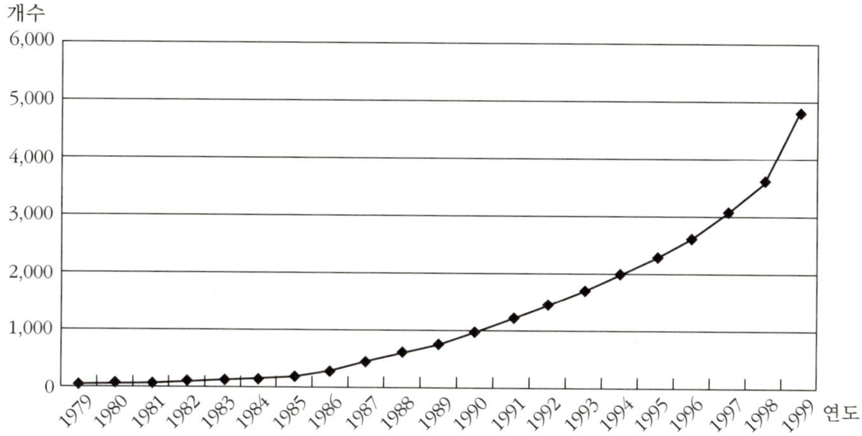

출처: 한국산업기술협회

〈표 Ⅱ－8〉 한국 상위 20개 기업의 R&D 집중도(모든 산업)

구분	1992	1993	1994	1995	1996	1997	1998
집중도	49.8%	51.7%	54.3%	57.5%	56.5%	59.4%	65.8%

출처: 과학기술부

있어서 상위 20개 기업에 대한 집중도는 보다 크게 증가하였다. 〈표 Ⅱ－8〉에서 나타나는 경향은 한국에서 대기업이 민간 R&D의 주도자로써 가지는 중요성의 증대를 보여주고 있는데, 이들 기업 중 상당수는 5대 재벌의 계열사이다.

특히, 상위 5대 기업의 R&D 비용 지출은 1993년도의 총 R&D 비용 지출의 31%를 차지하였다. 제조업 부문만 놓고 본다면 이 비율은 더 높아진다. 1996년도 한국의 제조업 분야에서 상위 20개 기업의 집중도는 63.9%였는데, 이는 미국의 42.7%나 일본의 44.2%에 비해 현저하게 높은 비율이었다(과학기술부, 1998). 1994년에 상위 30개 기업집단의 제조업 출하액 비중이 40%였다는 사실을 감안할 때, 상위 20개 기업의 R&D 집중도는 일반 산업의 집중도보다 훨씬 높은 것임을 알 수 있다. 2000년, 삼성 · LG · 현대 · SK 등 4개 재벌은 4조 7,310억 원(약 40억 달러)을 R&D에 사용했으며, 이들의 R&D 비용 지출은 2001

년 세계적 침체기 와중에도 계속하여 증가하였다. 1998년 삼성전자, 현대전자, 현대자동차, SK텔레콤 등 5대 재벌의 선두기업에 있어서 총매출액 대비 R&D 지출 비율은 각각 6.9%, 8.3%, 12%, 12.2%를 기록하였으며, 이는 해당 산업에서의 글로벌 리더와 대등하거나 더 높은 수준이었다.

6 결론

제Ⅱ 장에서는 수요견인의 관점과 지적재산권압력의 관점이 한국 특허의 최근 급격한 성장을 설명하는 데 있어 부분적으로 유효하지만, 1990년대 한국 특허 건수의 증가를 설명하기에는 부족하다는 것을 발견하였다. 공급압력의 관점이 이보다 나은 설명을 제시하기는 하지만, 한국의 특허 건수 증가 및 혁신 역량 증대에 있어서의 이례적인 성공에 대한 설명은 5대 재벌, 특히 삼성그룹과 선두기업인 삼성전자의 핵심적인 역할을 강조하는 기업전략 관점을 통해 가장 잘 설명된다. 이들 재벌이 하이테크 사업과 혁신 주도적 전략에 보다 중점을 두게 됨에 따라 반도체산업과 같은 하이테크 산업에 대한 R&D 비용지출이 증가하게 되었다. 우수한 R&D 생산성과 R&D에 대한 집중적인 투자가 결국 1990년대 세계적 특허 랭킹에서 한국이 성장할 수 있는 가장 중요한 원인이 된 것이다.

제 III 장

한국 지적재산권의 변화와 한국 특허 건수의 증가[1)]

제Ⅱ장에서는 미국 내 한국 특허 건수의 증가에 영향을 미친 요인들에 대해 살펴보았다. 제Ⅱ장에서 검증한 가정 중의 하나는 지적재산권압력의 관점, 혹은 "우호적 법원의 관점" 가정에 대한 것이었다. 지적재산권압력의 관점에서는 지적재산권 보호 환경의 주요한 변화가 기업들로 하여금 혁신역량에 보다 많은 투자를 하게 동기 부여함으로써 특허 건수를 증가시킨다고 설명한다. 한국 특허데이터에 기초한 제Ⅱ장에서의 연구는 이러한 지적재산권 압력의 관점을 부분적으로 뒷받침해 준다.

본 연구에서는 제Ⅲ장을 통해 한국 지적재산권에 있어서의 주요 변화와 이것이 한국기업들의 특허 활동에 끼친 영향에 대해 분석하고자 한다. 1980년도 이래 한국은 모방자에서 혁신자로 변화하는 역할을 반영하는 일환으로 지적재산권 보호환경을 업그레이드해 왔다. 한국의 지적재산권 보호환경은 기술의 창조와 확산 모두에 초점을 두었는데, 이는 WTO 체제 하에서 보호 환경을 업그레이드해야 하는 기타 개발도상국들이 연구할 만한 모범 사례가 될 것이다.

---

1) 본 장은 Jaeyong Song. 2006. "Intellectual property regimes, innovative capabilities, and patenting in Korea." *Seoul Journal of Business*. Volume 12, number 2를 기반으로 작성되었다.

본 장에서는, 일단 한국의 지적재산권 보호체계의 주요 변화에 대해 설명한다. 특히 3가지 주요 변화에 초점을 두는데 (1) 파리협약과 국제협력조약(PCT)의 적용에 따른 1980~1982년의 지적재산권 변화, (2) 물질특허 제도의 도입을 위한 1986년의 지적재산권 변화, (3) UR/TRIPs의 발효에 따른 1995~1997년의 지적재산권 변화가 그것이다. 그 다음에는 지적재산권, (경제개발을 위한) 혁신역량 개발 노력, 그리고 특허와의 관계를 분석한다. 특히 지적재산권 보호환경의 변화 원인과 결과의 관점에서 한국 지적재산권의 주요 변화들을 분석한다. 이를 통해 지적재산권을 보다 잘 보호함으로써 혁신을 조장하는 지적재산권의 변화(지적재산권의 'pro-creation' 역할)와, 특허 받은 기술의 확산을 활성화하기 위한 지적재산권의 변화(지적재산권의 'pro-diffusion' 역할)를 구분하고자 한다.

1 한국 지적재산권 보호체계의 발전

지난 30년간 한국은 지적재산권 보호체계를 업그레이드하였다. 제Ⅱ장에서 언급한 바 있듯이, 인터뷰와 문헌 연구결과를 바탕으로 1970년대 이후 한국의 지적재산권은 3가지 주요 변화를 겪었다고 결론 내렸다. 본 연구에서 말하는 3가지 주요 변화는 다음과 같다.

(1) 1980~1982년: 1980년도에 파리협약(Paris Convention for the Protection of Industrial Property)에 적합하도록 특허법을 개정; 국제특허협력조약(PCT: Patent Cooperation Treaty)에 따라 1982년 특허법을 개정.
(2) 1986: 제약과 화학 재료에 대한 물질특허 제도의 도입을 위한 1986년 특허법 개정
(3) 1995~1997: UR/TRIPs(Uruguay Round/Trade Related Aspects of Intellectual Property Rights)의 적용 및 항소/재판 체계의 개혁을 위해

1995년 특허법 개정; 특허 등록 이후 이의신청제도를 도입하기 위해 1997년 특허법 개정

지금부터는 이 3가지 주요 변화에 대해 보다 자세히 설명하고자 한다. 미약한 지적재산권 보호환경을 업그레이드하고자 하는 한국의 노력은 1970년대 정부가 '과학기술부의 특허국'을 '특허청'으로 변경한 1977년에서 그 기원을 찾을 수 있다. 특허청의 설립 이후 한국은 1979년에 세계지적재산권보호기구(WIPO; World Intellectual Property Organization)의 회원국이 되었고, 1980년에는 파리협약에도 가입하였다.

파리협약은 특정 국가의 사람들이 그들의 지적재산권에 대해 다른 국가에서도 보호를 받을 수 있도록 도움을 주고자 수립된 최초의 주요 국제 협약이었다. 다자간 협의 내용에 동의함으로써, 한국 정부는 한국으로의 해외 기술 라이센싱을 촉진시킴과 동시에 해외에서 한국의 지적재산권을 보호하고 수출을 촉진하고자 하였다.

한국이 파리협약과 WIPO의 회원국이 됨에 따라, 정부는 이들 국제 협약에 적합하도록 특허법에 대한 주요 개정을 실시하였다. 예를 들어, 새로운 특허법은 다항제를 도입하고 출원공개제도를 채택하였다. 1982년 정부는 국제특허협력조약(PCT)의 가입을 준비하는 과정에서 특허법에 대한 또 한 번의 대규모 개정 작업을 펼쳤다. 국제협력조약은 단일국제특허출원의 개념을 도입하였는데, 이는 협약이 맺어졌거나 출원자가 지명한 국가에서 특허가 법적인 효과를 지니게 되는 것을 의미한다(WIPO home page). 한국은 이와 같은 국제협력조약의 요구사항에 맞도록 1982년에 특허법을 개정하였으며, 같은 해 국제협력조약에 가입하게 되었다. 따라서 본 연구에서는 특허청 전문가들의 견해를 바탕으로 1980~1982년 사이의 특허법의 주요 개정을 한국 지적재산권 보호체계에 있어서 최초의 주요 변화로 정의하였다.

한국 지적재산권보호제도에 있어서의 두 번째 주요 변화는 1986년에 일어났는데, 이는 정부가 물질특허제도를 1987년부터 유효하게 만들기 위해 다시 한 번 대규모의 개정을 실시함으로써 이루어졌다. 물질특허제도는 신규 제약과 화

학적 화합물 및 화학물질을 보호하고자 고안된 것이다. 1987년 이전에는 과정 특허만 허가가 되었고 따라서 한국의 화학 및 제약 기업들은 최초 개발자에게 로열티를 지불하지 않으면서도 제조과정만 변경함으로써 화학적 화합물 및 화학물질, 그리고 제약을 복제해낼 수 있었다.

물질특허제도는 특히 미국 정부로부터의 압력에 의해 도입되게 되었다(Kim, 1997; 특허청과의 인터뷰). 1986년 이전에 한국은 성장가도에 있는 제약 및 화학산업을 미국의 거대 제약, 화학 기업을 비롯한 외국기업으로부터의 경쟁에서 보호하기 위해 물질특허를 금지해 왔다. 정부의 보호 아래 한국 기업들은 제약과 화학적 화합물을 복제할 수 있었고 결과적으로 다국적 제약 및 화학기업들의 반발을 불러일으켰다.

특허보호는 제약, 농업, 산업 화학, 생명 공학 등의 산업에 있어서 혁신에 따른 수익을 확보하기 위해 매우 효과적이고 중요한 것으로 여겨져 왔다(Maskus, 2000c). 특히 미국의 제약산업은 미국의 다른 어떤 제조 부문보다도 모기업 대비 가장 많은 수의 해외 생산 및 유통 시설을 보유하고 있었으며 가장 R&D 집약적이기도 하였다. 미국에 기반을 둔 제약 및 화학기업들을 비롯한 다국적 기업들의 항의에 대해 USTR(U. S. Trade Representatives)은 물질특허제도의 도입을 가장 중요한 과제로 상정하고 1980년대 중반 한국 시장의 개방을 요구하며 301조에 기반한 제재조치의 발효를 위협하였다.

1990년과 1993년 한국 정부는 다시 한번 특허법을 개정하였다. 정부의 개정 내용은 상대적으로 적었으나, 1990년대 초반의 변화가 의미 있었던 것은 정부가 기존의 특허와 기타 지적재산권 관련 법률의 강력한 적용을 시도했다는 점이다. 경찰과 변호사들이 법원에 제기한 지적재산권 침해 케이스의 건수는 1989년의 2,254건에서 1993년 1만 423건으로 크게 증가하였다(Kim, 1997).

한국 지적재산권 보호 체계에 있어서의 세 번째 주요 변화는 1995~1997년에 발생하였다. 정부는 1995년 특허법에 대해 대규모의 변화를 가져왔다. 개정의 주요 목적은 UR/TRIPs(Uruguay Round/Trade-Related Aspects of Intellectual Property rights)의 원칙을 반영하기 위한 것이었다.

TRIPS에 대한 WTO의 동의는 국가간 지적재산권 보호에 대한 정도의 차이를 줄이고 이를 공통의 국제법으로 다스리고자 하는 시도였다. 특히 지적재산권에 대한 무역 분쟁이 발생하였을 때 TRIPs에 의거한 새로운 협의에 따르면, WTO의 분쟁 해결 시스템이 분쟁의 해결을 도와줄 수 있다. 이 협의는 5개의 큰 이슈들을 다룬다(WIPO 홈페이지).

- 무역 체계의 기본 원리와 기타 지적재산권 협의 내용들은 어떻게 적용되어야 하는가
- 지적재산권에 대해 어떻게 적절한 보호를 제공할 수 있는가
- 각 국가들이 어떻게 각자의 영토에서 지적재산권을 적절히 적용할 수 있는가
- WTO 멤버간의 지적재산권 분쟁은 어떻게 해결해야 하는가
- 새로운 시스템이 도입되기까지 과도기 동안의 문제

2000년도에 개발도상국에 대한 5년의 유예기간이 끝남에 따라 한국은 TRIPs 협의회에서 법적인 검토를 받았다. 협의회는 한국이 WTO/TRIPs에 완벽히 순응하여 지적재산권에 대한 포괄적이고 충분한 보호를 제공하고 있다는 데에 동의하였다.

1995년 특허법 개정에 있어서 한국은 항소와 재판과정에 대한 개혁도 함께 실시하였다. 한국 정부는 지적재산권 침해 소송의 법적 절차를 관장하는 산업재산권법정을 설립하고 1997년에는 승인된 특허에 대한 항소와 이의제기 과정을 도입하면서 지적재산권 보호를 보다 강화하였다. 정부는 이를 통해 특허 검토 프로세스 기간을 37개월에서 2년 이하로 단축하고자 하였다.

2 지적재산권, R&D 투자, 그리고 경제개발

지적재산권 보호의 강화가 개발도상국의 경제개발에 있어 미치는 영향에 대해 최근 뜨거운 논란이 있었다(Maskus, 2000c). 일반적으로 지적재산권은 크게

혁신 또는 창조지원(pro-creation)과 확산지원(pro-diffusion)의 2가지 목적으로 나뉠 수 있다. 상기에서 이미 설명한 것처럼 확산지원의 관점에서는 기존의 기술을 기술 라이센싱이나 모방의 형태로 사회전반에 확신시키는 데 있어서 지적재산권의 역할을 강조한다. 반면, 창조지원의 관점은 현신의 촉진 차원에서 지적재산권이 지니는 긍정적 효과에 관심을 가진다. 지적재산권의 창조지원적 역할이 매우 효과적이고 지배적이었던 선진국들과는 달리, 미약한 혁신능력을 보유한 개발도상국의 입장에서는 지적재산권의 확산지원적 역할을 선호해 왔다.

본 장에서는 기존의 연구결과를 바탕으로 창조지원의 관점과 확산지원의 관점 간의 논쟁에 특별히 초점을 맞추고 지적재산권, 혁신 활동, 그리고 경제개발의 관계를 설명하며, 이 관계를 한국적 상황에서 다시 분석해 본다.

1) 지적재산권, R&D, 그리고 경제 개발간의 관계에 대한 기존 연구: 창조지원과 확산지원의 관점 비교

정부는 새로이 개발된 기술을 사용하고 판매할 수 있는 독점적 권리를 확립함으로써 지식 창조와 경영 혁신에 대한 투자를 촉진하고자 하는 희망에서 지적재산권에 대한 보호를 강화하곤 한다(Maskus, 2000b). 지적재산권은 기업과 경영자들의 창조성과 위험 감수 노력을 보상해 주는 역할을 함으로써 기술적 진보와 경제발전을 촉진한다. 정부는 또한 지적재산권 보유자들이 그들의 발견 및 아이디어를 시장에 공개하도록 함으로써 새로운 기술의 폭넓은 확산을 촉진하고자 한다.

특히 정부는 지적재산권의 보호를 강화함으로써 해외 투자와 선진 기술을 유인할 수 있을 것을 기대한다. 해외 기술 보유자들은 약한 지적재산권 보호를 시행하는 국가의 기업들과는 그들의 최신 혁신에 대한 라이센싱을 맺기를 거부하는데, 이는 라이센싱 계약이 궁극적으로 실행 불가능해질 것에 대한 두려움 때문이다(Sherwood, 1990). 따라서 기업들은 종종 본국의 약한 지적재산권 보호체계로 인해 해외로부터의 기술을 구매 시도가 방해받는다고 느끼게 된다

(Gould and Gruben, 1996). Mansfield(1994)는 국가의 약한 지적재산권 보호가 실제로 해외직접투자, 특히 R&D 시설에 대한 투자를 감소하게 만든다고 주장한다. Lee와 Mansfield(1996)는 이에 대해 지적재산권의 보호 정도가 미국의 해외 직접 투자 대상국 선정에 대해 심각한 부정적 효과를 가진다는 증거를 발견하였다.

Schumpeter(1942)의 관점을 바탕으로 Romer(1991)는 R&D 투자 결과에 따른 특허를 보다 강력하게 보호함으로써 혁신과 경제개발이 장려될 것이라고 설명했다. Gould와 Gruben(1996)은 지적재산권 보호가 혁신을 자극하기 때문에 경제성장에 있어 결정적인 요소로 작용함을 보였다. Maskus(2000b) 또한 부적절한 지적재산권의 보호가 저개발 국가에서조차도 혁신과 기술 변화를 억제할 수 있다고 하였는데, 이는 가난한 국가에서의 혁신이 현지 시장을 목적으로 하는 것이며, 국내 특허의 보호를 통해 이익을 얻을 수 있기 때문이라고 주장했다. Park과 Ginarte(1997)는 지적재산권의 보호가 R&D나 물리적 자산과 같은 요소들의 축적을 촉진하기 때문에 경제성장에 있어 간접적인 영향을 가진다고 주장하였다. 이들은 지적재산권 지수에 있어서의 1% 증가가 R&D 투자 비율을 0.77%까지, 유형자본 투자 비율을 0.26%까지 높일 수 있을 것이라고 예측하였다.

하지만 Park과 Ginarte는 지적재산권의 보호가 상위 30개국의 발전된 경제의 물리적 자본 투자 및 연구 자본 투자 행위만을 설명할 수 있다는 사실도 발견하였다. 이와 유사하게 Helpman(1993)은 개발도상국가들이 강한 지적재산권 보호 때문에 곤란을 겪을 수도 있을 것이라고 주장하면서 이는 모방에 소요되는 높은 비용과 이에 따른 기술적 역량의 결과적 감소에 의한 것이라고 했다. 그는 확산지원의 관점을 지지하면서, 모방이 국제적인 상품 이전의 유일한 수단인 개발도상국에서 지적재산권 보호를 강화하는 것은 혁신에 대해 부정적 영향을 미칠 것이라고 하였다. Glass와 Saggi(1995) 또한 보호 일변도의 지적재산권 적용은 개발도상국으로 이전되는 기술을 감소시킬 것이라고 주장하였다.

이와 같은 상반되는 주장은 지적재산권과 경제개발 사이에 쌍방향적인 인과관계가 존재함을 의미한다. 소득수준의 향상은 지적재산권 보호환경의 업그레이드에 대한 강한 인센티브를 제공하고, 이는 또한 개발도상국의 향후의 성장에 있어서도 초석이 되는 것이다(Maskus, 2000c). 소득이 증가함에 따라 고품질상품에 대한 수요는 증가하고, 차별화된 상품들이 등장하면서 강력한 지적재산권 보호환경에 대한 선호도를 증가시키게 된다. 반대로, 지적재산권은 신규 산업 개발, 비효율적인 산업의 개선, 기술의 획득 및 창조 유인 등의 방법을 통해 경제 성장을 촉진하는 데에 있어 긍정적인 역할을 할 수 있다(Maskus, 2000b). 기술 수입국들이 강화된 지적재산권 보호체계 하에서 이익을 얻기 위해서는 시간이 지남에 따라 발생할 수 있는 동적인 이득이 있어야 한다. 이와 같은 이득은 성장 전망을 증가시키는 국제무역, 투자, 기술 이전 등으로부터도 올 수 있다(Maskus, 2000a).

기존의 연구들은 또한 지적재산권이 경제발전에 미치는 영향력을 결정함에 있어 R&D 투자가 보완적인 역할을 한다고 밝힌 바 있다. 혁신적인 연구를 거의 수행하지 않거나 전혀 수행하지 않는 국가들의 경우에는 지적재산권 보호체계를 강화함으로써 효익을 누리지 못할 것이다(Park and Ginarte, 1997). 강한 국내 연구 기반을 보유하지 못한 국가들은 외국인들에 대해 지적재산권 보호를 제공하는 것을 정당화하기 어려울 것인데, 이는 지적재산권의 보호가 새로운 기술의 가격을 상승시키고 확산을 저해하는 결과를 가져올 경우, 단기적으로 외국인들이 가장 많은 이익을 얻게 되기 때문이다. Park과 Ginarte(1997)는 개발도상국과 선진국 모두에 있어 R&D가 경제성장의 중요한 결정요소임에도 불구하고, 지적재산권은 개발도상국이 아닌 선진국의 R&D 활동에 있어 유효하게 작용한다는 사실을 발견하였다. 이와 같은 측면에서 강한 지적재산권의 보호와 강력한 혁신적 R&D 사이에는 상호 강화를 야기하는 쌍방향적인 인과관계가 존재할 수 있을 것이다. 비슷한 관점에서 볼 때, 우수한 R&D 연구자들과 공학자들을 양성한 국가들에서는 수입한 기술을 지역 환경에 적합하게 수용하고 새로운 기술과 상품을 개발하여 지적재산권 보호의 인프라를 통해 보다 많은 이익을 발생시킬 수 있는 능력을 보유하고 있을 것이다.

국내 R&D 기반과 인적 자원에 대한 이와 같은 보완적인 투자가 이루어지지 않는다면, Helpman(1993)과 Glass와 Saggi(1995)가 주장한 것처럼 개발도상국이 강한 지적재산권 보호환경을 도입하는 것은 이익보다는 손실을 가져오는 경우가 더 많을 것이다. 이는 강한 지적재산권의 보호를 제공하는 것이 특히 개발도상국의 입장에서 봤을 때 많은 비용을 초래하기 때문이다. 지적재산권 보호를 강하게 집행하지 않는다면, 개발도상국의 현지 기업들은 새로 발명된 상품과 프로세스를 역설계하거나 모방하여 고객들에게 보다 저렴한 가격에 판매할 수 있을 것이다(Maskus, 2000c). 또한 특허 사무실과 법원을 설립하고 운영하는 것도 많은 비용이 발생된다(Siebeck, 1990). 따라서 어떠한 국가가 이러한 비용을 정당화하기 위해서는 일정 규모의 R&D 투자 수준에 도달하여야 할 것이다. 실증적인 연구를 통해 살펴본 결과 지적재산권 보호 인프라를 수립하고 유지하는 것을 정당화하기 위한 GDP 대비 R&D 지출 비용의 비율은 적어도 0.21%가 되어야 한다(Maskus, 2000c).

Maskus(2000b)는 지적재산권 보호의 수준과 소득수준의 관계를 실증적으로 분석하여 역-U 형태의 패턴을 도출하였다. 이 분석에서 지적재산권 보호의 강도는 인구당 소득이 증가함에 따라 상승하였지만, 중상 정도의 소득수준 국가들의 상승폭에 비해 중하 정도의 소득수준을 지닌 국가들의 평균적인 상승폭은 크지 않았다. 또한 소득수준이 증가함에 따라 지적재산권 보호의 변동폭은 감소하였다. 이에 대해 Maskus(2000b)는 소득수준이 낮은 상태에서부터 상승하였을 때 특허권은 감소하고, 가장 높은 소득수준으로 이행함에 따라 크게 증가한다고 결론 내렸다. 이와 같은 결과에 대해 소득수준과 기술 역량이 중간 정도의 수준으로 향상됨에 따라 어느 정도의 수용적인 혁신이 발생하지만 대다수의 경쟁은 모방을 중심으로 이루어지며, 따라서 약한 수준의 지적재산권 보호가 더 선호되는 것이라고 설명하였다.

이와 관련하여 본 연구에서는 지적재산권의 변화, R&D 투자, 그리고 한국적 상황에서의 특허 활동의 관계를 분석하기 위해 주요 지적재산권 변화의 원인과 결과에 대한 한국의 경험을 분석한다. 그리고 이 과정에서 한국의 지적재산권 변화에 대한 창조지원 방법과 확산지원 방법을 함께 다루었다.

2) 지적재산권 변화, R&D 투자, 그리고 한국적 상황에서의 특허 활동의 관계

한국은 경제발전과정에서 혁신역량을 성공적으로 쌓은 성공적인 사례로 평가받는다. 따라서 혁신 역량을 축적하기 위한 지적재산권 보호 환경의 변화와 R&D 투자의 관계와 특허 생산 활동에 대해 분석해 본다면 강한 지적재산권 보호가 경제발전에 미치는 영향에 대한 다양한 논쟁에 대해 의미 있는 시사점을 제공할 수 있으리라 여겨진다.

한국은 1980~1982년 사이에 이루어진 특허법과 규제에 대한 주요 업그레이드와 1987년 물질특허제도의 도입을 통해 지적재산권의 확산지원적인 측면보다는 창조지원적인 측면에 보다 초점을 두었다. 결과적으로 한국 정부는 기존 기술의 보다 넓은 확산을 위한 모방과 역설계를 장려하기보다는 혁신자의 지적재산권 보호를 위해 지적재산권 보호환경을 지속적으로 강화해 왔다.

그러나 특허법의 상당 부분이 혁신자의 권리 보호에 초점을 두었음에도 정부는 전자, 웹 기반 특허 데이터베이스를 개발하는 등의 정책을 통해 사회 전반에 걸쳐 혁신적인 기술이 확산되도록 활성화하는 데에도 소홀하지 않았다. 그렇다면 한국 정부가 창조지원의 목적으로 지적재산권의 법적 프레임워크를 어떻게 강화하였는지에 대해 알아보도록 하자.

(1) 창조지원의 관점

지적재산권 보호 환경 변화의 역할을 실증적으로 분석하기 위한 가장 중요한 과제는 일관된 국제 기준을 바탕으로 지적재산권 보호환경의 상대적인 강도를 측정하는 것이다. 최근 몇몇 학자들은 국가간 비교를 위해 일관된 국제 지적재산권 지수를 개발하기 위한 시도를 하였는데, Ginarte와 Park(1997)이 가장 주요한 지표를 개발하였다.

본 연구에서는 Ginarte와 Park이 개발한 GP지수를 통해 한국 지적재산권 보호 환경변화의 원인과 결과에 대한 실증적인 분석을 진행한다. GP지수는 다음과 같은 5가지 범주를 바탕으로 추출되었다. 적용 범위의 정도, 국제적 특허 협약의 회원 가입 정도, 보호 실패에 대한 조항, 집행 메커니즘, 보호의 기간. GP 지수는 100개 국에 대해 시간에 따른 정보를 제공한다.

〈표 Ⅲ－1〉에서 보듯, 1980년대 한국이 혁신자의 지적재산권을 보호하기 위해 지적재산권 보호환경의 강도를 빠르게 증가시켰음을 GP지수를 통해 확인할 수 있다. 1970년대에도 한국의 GP지수는 평균보다 높았다. 1970년 한국의 GP 지수 가치는 2.94였던 반면, 전세계 평균치는 2.27에 불과하였다. 1980년에 3.28이었던 한국의 GP지수는 1990년도에 3.94로 증가하였다. 1990년, 전세계 GP지수의 평균은 1970년도의 2.27에서 아주 조금 증가한 2.46에 불과하였다. 이와 대비되는 한국 GP지수의 경향은 1980년대 동안 지적재산권 보호 환경에 있어 대대적인 변화가 있었음을 시사한다.

특히 한국의 GP지수는 한국이 브라질, 인도, 홍콩, 싱가폴과 같은 다른 주요 개발도상국들보다 상대적으로 초기에 지적재산권 보호체계를 도입하였음을 명확히 보여준다. 1990년에 브라질, 인도, 홍콩 싱가폴의 GP지수가 각각 1.85, 1.62, 2.57, 2.57였던 반면, 한국의 GP지수는 3.94였다.

이와 같은 수치들은 한국 지적재산권의 창조지원적인 측면을 확실히 보여주는 것이다. 또한 한국의 GP지수는 1990년대에 이르러 주요 선진국들의 GP지수를 상회하기 시작하였다. 1990년 프랑스와 독일은 한국보다 낮은 GP지수를 기록하였다. 일본은 한국과 비슷한 수준의 GP지수를 보였다.

지적재산권법과 USTR(United States Trade Representatives)에 의한 연간 집행에 대한 질적 평가는 한국이 1980년대 후반과 1990년대 훨씬 강한 지적재산권 보호 환경을 적용하고 있음을 보여준다(Maskus, 2000c). USTR에 의하면 한국은 1986년 이전에는 약한 법률과 이의 적용으로 인해 어려움을 겪었다. 하지만 1986년과 1995년 특허법의 주요 변화 이후 한국은 1998년까지 강한 법률과 집행을 시행하게 되었다. 또한 USTR에 의하면 한국의 시도를 뒤따라 1990년대 주요 개발도상국들의 지적재산권 관련 법률구조와 집행 메커니즘에 있어 상당한 강화가 이루어졌다.

앞서 설명한 Maskus(2000c)의 단계모델에서는 소득이 중간 정도 수준인 국가들은 주로 적응적이고 모방적인 R&D를 수행하기 때문에 약한 지적재산권 보호

〈표 Ⅲ－1〉 IPR지수(GP Index)

구분	1970	1980	1985	1990
브라질	1.64	1.85	1.85	1.85
프랑스	3.24	3.90	3.90	3.90
독일	3.09	3.86	3.71	3.71
홍콩	2.04	2.24	2.57	2.57
인도	1.42	1.62	1.62	1.48
일본	3.32	3.94	3.94	3.94
한국	2.94	3.28	3.61	3.94
싱가폴	2.37	2.57	2.57	2.57
미국	3.86	4.19	4.52	4.52
평균	2.27	2.40	2.44	2.46
최대값	3.86	4.24	4.52	4.52

출처: Ginarte와 Park, 1997: 285-286.

체계를 수용할 인센티브를 가진다고 주장한다. 그렇다면 중간 정도의 소득 수준 국가에 속하는 한국은 어떻게 1980년대 이후 지적재산권 보호 체계를 급격히 강화하려는 의사결정을 내렸을 것인가?

이 책에서는 기존 문헌연구와 인터뷰 결과를 바탕으로 1980년대 이후 한국의 다소 공격적인 지적재산권 보호환경 업그레이드를 설명할 만한 몇몇 이유를 제시한다. 1987년 물질특허제도의 도입과 관련하여 언급한 바 있듯이, 1980년대 한국이 지적재산권에 대해 주요 변화를 실시한 데에는 미국의 외교 및 무역 압력이 가장 큰 원인으로 작용한 것으로 보인다(Kim, 1997; Ryan, 1998; 특허청에서의 인터뷰, 과학기술정책연구원, Kim과 Chang). 다른 개발도상국들과는 달리 한국이 미국의 압력에 특히나 더 제재를 받았던 것은 만약 한국 정부가 물질특허제도를 수용하지 않을 경우 미국 정부가 한국의 주요 수출 품목에 대해 Super 301조를 적용하여 무역 제재를 가한다고 위협하였기 때문이다. 한국의 경제발전이 상당부분 수출 중심적이었고, 미국이 한국 수출업자들의 주요 수출 시장이었다는 점에서 볼 때, 한국 정부는 다국적 제약 및 화학 기업들을 보호하고자 하는 미국 정부의 요구를 받아들일 수밖에 없는 상황이었다(특허청 인터뷰, 과학기술정책연구원, Kim & Chang).

그러나 한국 정부에 대해 공정하게 접근하기 위해서는 한국 정부가 보다 강력한 지적재산권 보호체계를 도입하고 적용함으로써 기업들이 보다 혁신적인 R&D로 전략적 초점을 변경하도록 압력을 행사하였다는 점에 주목할 필요가 있다. 한국 정부는 한국 기업들이 기술의 사다리를 올라설 필요가 있음을 인식하였고, 강한 지적재산권 보호환경이 다국적 기업으로부터의 기술이전을 활성화하고 개선된 기술에 대한 접근성을 제공함에 있어 중요한 역할을 할 것이라고 여겼다. 상기에서 언급한 바와 마찬가지로, 1990년대 초반에 이르러 한국 정부는 지적재산권 법률을 집행하는 데에 있어서의 노력을 강화하였다. 이와 같은 지적재산권 보호환경의 강요된 수용은 한국 기업들이 독자적으로 혁신을 추진하고 상품의 질을 개선하도록 촉진하였다(Kim, 1997).

게다가 시간이 지남에 따라 국내의 R&D 중심적인 재벌들의 상업적 관심은 한국의 지적재산권 보호환경을 보다 더 강화하여 나갔다(Sherwood, 1997; Ryan, 1998). 1980년대까지 대다수의 한국 기업들은 모방적이거나 적응적인 R&D 활동을 수행했었다. 앞서 언급한 것처럼 지적재산권은 새로운 혁신을 생산하는 데 초점을 두고 있는 R&D 활동들에 대해 보다 중요한 작용을 한다. 많은 국가들이 모방적 R&D에서 혁신적 R&D로 변화되어 감에 따라 혁신적 R&D를 수행하는 기업들의 이익을 보호하기 위해 더 강화된 지적재산권 보호체계를 도입할 가능성이 높아진다(Evenson, 1990). 한국의 일부 선두 기업들은 1980년대 후반에 이와 같이 혁신적 R&D를 추진하는 방향으로 전환하였고, 시간이 흐름에 따라 그들의 혁신적 결과물들을 보호하기 위해 강한 지적재산권 보호환경을 선호하게 되었다.

또한 이전에 언급하였던 바처럼 강한 지적재산권 보호 환경은 현지 기업들이 혁신적인 R&D를 수행하는 데 보다 많은 투자를 하도록 장려할 수 있다. 제Ⅱ장의 〈그림 Ⅱ-8〉을 통해 설명한 바와 같이, GNP 대비 R&D 지출 비율로 설명되는 R&D 집약도에 있어서 한국은 1990년대에 비약적인 성장을 보였다. 1990년대 후반 한국의 R&D 집약도는 독일, 영국, 프랑스보다도 더 높았다.

또한 한국 화학 및 제약 기업들의 사례를 통해 강한 지적재산권 보호환경이 현지 기업들의 혁신역량 개발에 있어 긍정적인 영향을 미친 명백한 증거를 확인할 수 있다. 〈표 Ⅲ - 2〉에서 보듯이, 물질특허제도가 도입됨과 동시에 외국인들은 4년간 무려 6,000여 건의 물질특허를 출원하였다. 1980년대 후반, 외국인에 의한 물질특허 출원은 내국인의 경우보다 15배 이상 많았고, 이들 외국인들은 주로 미국, 일본, 유럽의 제약 및 화학 기업들로 USTR의 의도대로 한국 IPR의 주요 변화의 최초 수혜자가 되었다. 1986년 물질특허제도의 도입이 외국의 기술과 상품을 복제하여 사용하던 한국의 화학 및 제약 기업들에게 위협으로 작용한 것은 당연한 결과였다. 해당 한국기업들의 대다수가 물질특허 도입 이전에 고도의 혁신적 R&D 활동을 수행하지 않았기 때문에 1980년대 후반 내국인의 물질특허 출원은 전체의 10%에 불과했다.

그러나 한국 시장에서의 다국적기업들의 치열한 경쟁상황은 국내기업들이 보다 빠르게 혁신적인 R&D 및 외국의 기술 보유기업들과의 협력을 하도록 초점을 바꾸도록 하였다. 생존을 위한 혁신적인 R&D에 대한 처절한 노력은 1990년대 중반 이후 효과를 보기 시작하였다. 1997년 경제 위기 이후 다소 감소하기는 하였지만, 내국인들의 특허 출원 비중은 30%까지 증가하게 되었다. 내국인에 의한 물질특허의 급격한 증가는 지적재산권 보호 환경의 변화가 다국적기업들로부터의 강력한 경쟁 압력을 가중시킴으로써 현지 기업의 R&D 방향과 집약도에 어떻게 영향을 줄 수 있는지를 여실히 보여준다.

최근 한국정부는 인터넷 사용의 증대 및 전자상거래 신생기업들의 부흥에 많은 관심을 기울이고 있다. 이와 같은 새로운 경향에 발맞추기 위해 특허청은 2000년, 전자상거래 관련 발명의 검토 지침을 제정하였다. 새로운 가이드라인 하에서 비즈니스모델(BM)에 대한 특허 출원이 가능해졌다. 새로운 가이드라인의 제정 이후, 〈그림 Ⅲ - 2〉와 같이 전자상거래 관련 특허의 수는 1999년 1,133

〈표 Ⅲ - 2〉 한국의 물질특허 출원 현황(건수)

구분	1987~1990	1991	1992	1993	1994	1995	1996	1997	1998
국내 거주인	354	161	178	243	346	311	347	582	547
해외 거주인	5,950	1,448	1,214	1,078	1,098	1,147	1,084	1,343	1,482
전체	6,304	1,609	1,392	1,321	1,444	1,458	1,431	1,925	2,029

출처: 특허청

〈그림 Ⅲ - 1〉 한국에서 내국인에 의한 물질 특허 출원 비중

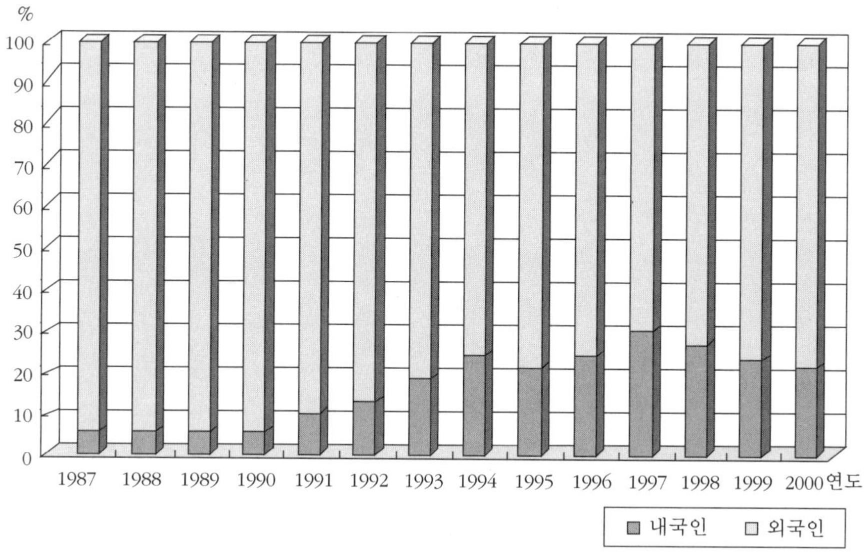

건에서 2000년 9,895건으로 9배나 증가하였다. 관련 지적재산권의 변화 이후에 나타난 비즈니스 모델의 특허 건수 증가는 지적재산권 보호 환경의 변화가 기술적 변화와 특허에 있어서 긍정적인 영향을 미치는 점을 증명하는 또 다른 증거가 된다.

이와 비슷한 맥락에서 특허청은 1999년 중소기업의 특허 출원을 장려하기 위한 캠페인을 실시하였다. 특허청은 특허 출원과 등록 비용을 낮추고 최초로 특허를 출원하는 중소기업에 대한 법적, 행정적 지원을 실시하면서 중소기업의 특허 출원을 지원하였다(특허청, 2001). 이러한 특허청의 노력은 2000년 최초로 특허를 출원하는 중소기업의 수를 114% 증가시키면서 성공을 거두었다.

마지막으로 한국 정부가 특허의 출원, 등록, 유지에서 발생하는 비용을 절감하기 위해 기울인 노력에 대해서도 주지할 필요가 있다. 이와 관련된 가장 주목할 만한 사례는 1999년 1월 도입된 KIPO-NET으로, 이는 세계에서 두 번째의 온라인 전자 출원 시스템이었다.

KIPO-NET은 특허를 출원하는 시간과 비용을 크게 감소시켰다. 특허청은 또

〈그림 Ⅲ－2〉 전자상거래 관련 특허의 출원 경향

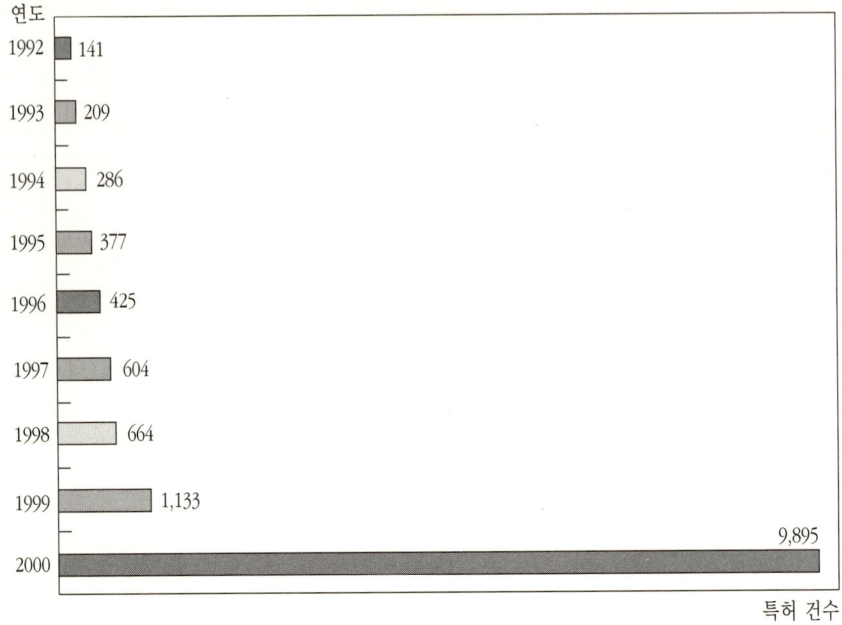

출처: 특허청, 2001

한 특허의 전략적 가치에 대한 대중의 인지도를 향상시키고 특허 출원과 등록에 대한 행정적 절차에 대한 이해를 증진시키기 위한 다양한 세미나 및 교육 세션 등을 개최하였다. 또한 특허청은 국내외의 특허 기술과 관련하여 5,300만 건의 정보를 축적하고, 웹 기반 접속을 비롯한 다양한 방법을 통해 쉽게 무료로 접할 수 있게 만들었다.

(2) 확산지원의 관점

한국 정부가 지적재산권을 통한 강한 특허 보호에 있어서의 창조지원적인 역할을 강조하였지만, 동시에 또한 강한 특허 보호가 불법적인 기술 유출에 대한 우려 없이 다국적 기업으로부터의 보다 활발한 기술 교류를 가져올 것이라 여겼다(Kim과 Chang, 특허청과의 인터뷰). 다음의 〈그림 Ⅲ－3〉은 화학 산업에서 해외로부터의 기술 라이센싱의 건수가 시간에 따라 어떻게 증가하였는지를 보여준다. 기술 라이센싱은 1987년 물질특허제도의 도입을 전후하여 급격히 증가하였으며 1990년대에 들어 급감하였다. 〈그림 Ⅲ-4〉는 1980년대 후반에 화학산업에 대한 해외직접투자가 상당히 증가하였음을 보여준다. 이와 같은 수치는 물질특허의 도입이 상당수의 다국적 화학 기업들이 한국에서 기술 라이센싱이나 직접투자를 하도록 만든 것임을 보여준다. 1990년대 외국계 기업으로부터의 기술 라이센싱 감소는 물질특허 도입에 따른 R&D의 급증으로 인해 한국기업들의 기술역량이 증가하였음을 간접적으로 보여주는 증거라 할 수 있다.

〈그림 Ⅲ-5〉와 〈그림 Ⅲ-6〉에서 볼 수 있듯이 제약 산업에서도 비슷한 패턴을 발견할 수 있는데, 물질특허 시스템이 기술 라이센싱이나 해외직접투자의 증가에 미친 영향은 화학산업에서처럼 크지는 않았다.

이와 같은 데이터는 지적재산권의 창조지원적 역할이 지적재산권의 확산지원적인 역할과 완전히 양립할 수 없는 것은 아님을 보여준다. 물질특허제도의 도입 이후 한국의 제약 및 화학 산업의 사례에서 볼 수 있듯이 지적재산권 보호를 강화하려는 정부의 정책은 더 많은 기술 라이센싱을 유도하고 국내 기업들이 R&D와 혁신에 보다 많은 투자를 하도록 유발한 것 같다.

한국 정부는 지적재산권을 보호하기 위한 법적 프레임워크에 대한 강화를 지

〈그림 Ⅲ-3〉 화학산업의 기술 라이센싱 현황(건수)

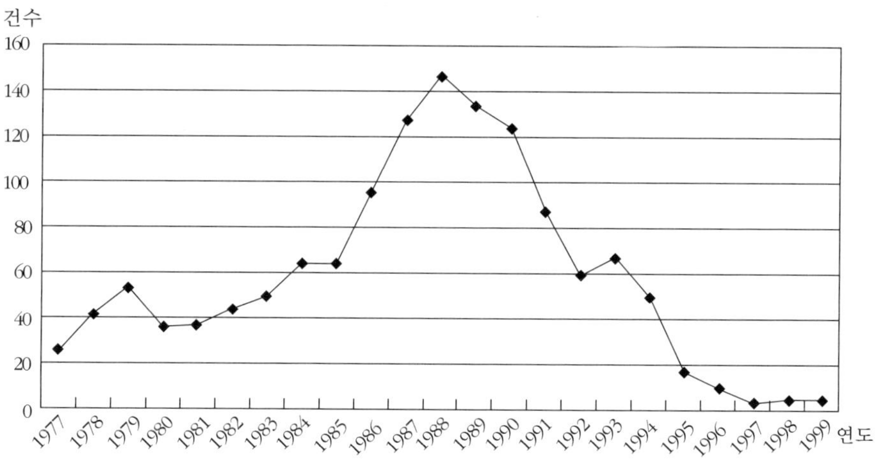

〈그림 Ⅲ - 4〉 화학산업의 해외 직접투자 현황(단위: 천 달러)

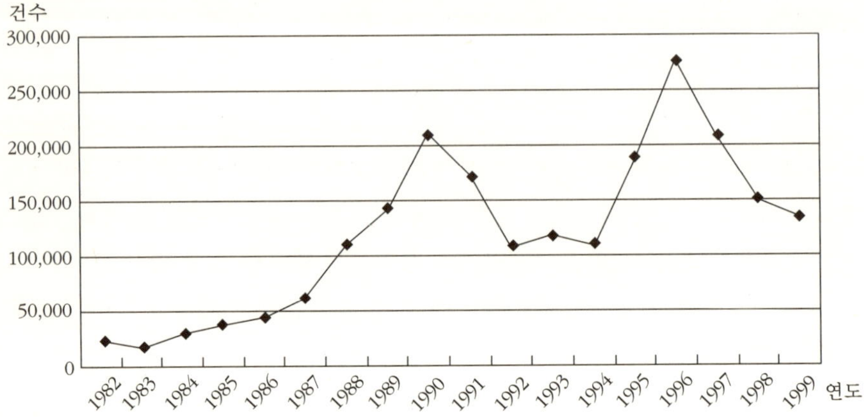

〈그림 Ⅲ - 5〉 제약산업에서의 기술 라이센싱 경향(건수)

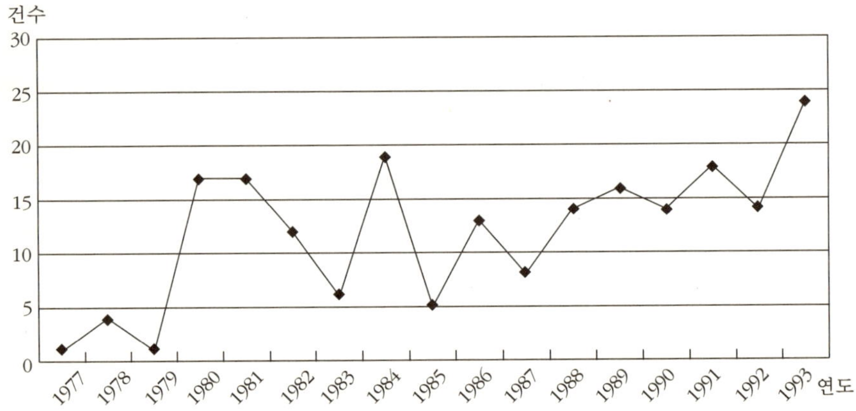

속하는 동안, 특허 기술의 확산을 활성화하기 위한 인프라와 행정절차에 대한 개선도 진행하였다.

가장 주목할 만한 사례로는 잘 개발된 특허 정보 데이터베이스를 들 수 있다. 특허 출원과 등록과 관련된 보고서는 CD-ROM이나 인터넷, 혹은 문서를 통해 접근이 가능하다. 한국 특허에 대한 데이터베이스와 더불어, 해외 특허 정보 또한 특허청을 통해 취득할 수 있다. 특허청은 데이터베이스에 저장된 특허 정보에 대한 접근성을 높이기 위해 한국의 주요 도시에 특허 정보센터를 열었다. 또

〈그림 Ⅲ－6〉 제약산업의 해외직접 투자

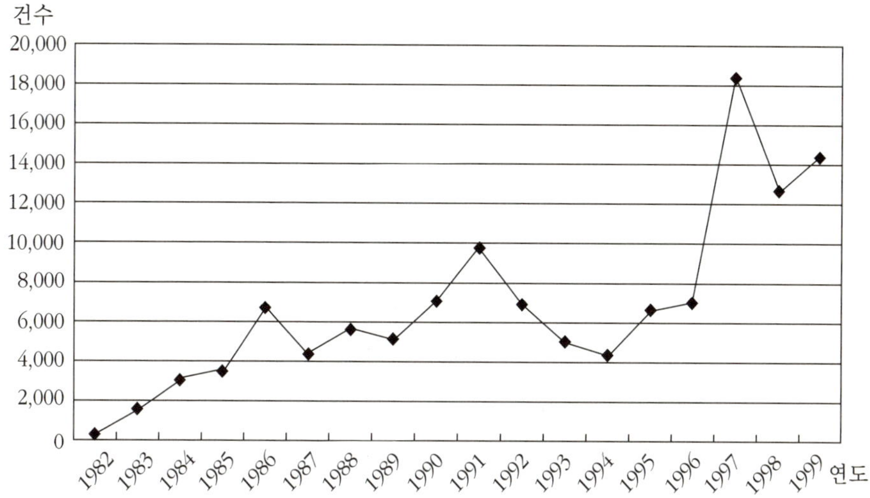

한, 특허청은 특허 기술의 확산을 촉진하기 위한 다양한 세미나와 교육 세션을 개최하기도 하였다. 특허청은 특허기술의 확산과 활용을 활성화하기 위해 일련의 특허 기술과 상품에 대한 투자 박람회를 주최하기도 하였다.

3 결론

지금까지의 분석 내용을 정리하자면, 1980년 이후 한국은 지적재산권 보호환경에 있어 세 번의 큰 개정을 거쳤다. 1990년 한국의 지적재산권 지수는 세계 평균치보다 훨씬 높았고, 프랑스나 독일보다도 높게 나타났다. 1980년대 지적재산권 보호체계의 주요 변화는 일정 부분 미국 정부의 압력에 의해 야기되었다. 하지만, 한국 정부 또한 국내 기업들이 심화되는 해외 경쟁 하에서 혁신 역량을 개발하도록 압력을 행사하고 있었다. 내국인에 의한 물질특허 출원 경향은 지적재산권 보호체계의 변화가 실질적으로 국내 기업들이 혁신기술을 개발하고 적극적으로 특허를 출원하도록 장려하였음을 보여준다. 비즈니스 모델 특허와 중소기업의 특허 출원 촉진을 위한 특허청의 최근 지적재산권 보호체계 변경 또한 효과를 나타내고 있는 것으로 보인다.

이와 같은 한국의 사례는 개발도상국에 있어서의 지적재산권 보호환경과 경제발전의 관계에 대한 최근의 논쟁에 대해 중요한 시사점을 제공하는 것으로 보인다. 즉, 한국 지적재산권에 있어서의 주요 변경이 민간기업들의 전략적 초점을 R&D와 혁신 주도적 성장 전략으로 바꾸도록 영향을 줌에 따라 경제개발을 촉진한 것으로 여겨진다. 이러한 측면에서 볼 때 한국의 지적재산권 보호체계, 특히 법적 프레임워크는 상당부분 창조지원을 위주로 한다. 하지만 물질특허제도의 도입으로부터 알 수 있듯, 지적재산권에 대한 강력한 보호가 해외기업들로 하여금 한국 기업들에 대한 기술 라이센싱을 하도록 유도함으로써 기술의 확산을 가져왔다는 점도 상기할 필요가 있다. 또한 한국 정부는 지적재산권의 보호를 위해 법적 프레임워크에 대한 강화를 계속하는 동안 특허 기술의 확산을 위해 인프라와 행정 절차를 개선하기도 하였다.

제 IV 장

한국 기업 특허 출원에 대한 산업 및 기업 전략차원의 분석[1)]

제Ⅱ장의 분석을 통해 반도체산업과 같은 하이테크 산업으로의 성공적인 산업 업그레이드가 미국 내에서의 한국 특허 건수 증가에 공헌하였음을 알 수 있었다. 또한 재벌이라고 불리는 5대 기업 집단들이 미국 내에서의 한국 특허를 급격히 증가시키는 데에 중요한 역할을 하였다. 이에 대해 본 연구에서는 R&D 지출 대비 특허 건수로 계산되는 한국의 뛰어난 연구 생산성이 이들 5대 재벌, 특히 삼성그룹 내지 삼성전자의 높은 수준의 R&D 관리와 연구 생산성에서 기인했다고 분석하였다.

제Ⅳ장에서는 짧은 시간 동안 혁신 역량과 특허 포트폴리오를 개발한 한국기업들의 핵심 성공 요인의 측면을 기업 전략, 특히 특허 전략의 관점에서 분석하고자 한다.

1980년대 후반 한국 기업들이 산업 전 부문에 걸쳐 특허를 크게 증가시켰지만, 보다 심도 깊은 연구를 통해 특허에 있어서의 한국의 성공, 특히 미국에서의

1) 본 장의 내용 중 일부는 전략경영연구에 제출된 송재용 교수의 논문을 근거로 해서 작성되었다.

성공은 화학, 제약, 생명공학 산업이 아닌 전자 및 반도체 산업의 측면에서 가장 주목할 만했음을 알 수 있었다. 〈그림 Ⅰ－6〉에서 보았듯, 전세계적으로 화학산업과 제약산업은 전자 및 반도체 산업과 더불어 가장 많은 특허를 생산한 2개의 산업이었다.

〈그림 Ⅳ－1〉에서 살펴본 국가간 비교 분석은 한국과 대만에서의 전자산업과 반도체산업의 우세를 보여주고 있다. 한국과 일본의 패턴을 비교해 보았을 때, 한국의 전자산업의 우세는 꽤나 두드러진다. 한국과 달리 독일의 경우에는 기계와 화학 산업과 같은 전통산업이 전자산업보다 더 많은 특허를 생산하였다. 인도와 브라질 역시 한국과 달리 화학 및 기계산업이 각각 더 강세를 보인다. 제약산업과 생명공학 산업의 경우 미국에서 승인된 한국의 특허 건수는 적지만, 그 건수는 최근 계속 증가하고 있다.

전자 및 반도체 산업과 화학 · 제약 · 생명공학 산업 간의 상당한 불균형을 설명하기 위해 이들 두 개의 주요 산업군에 대한 기술 및 특허 전략차원에서의 기

〈그림 Ⅳ－1〉 산업별 특허 비중의 국가간 비교

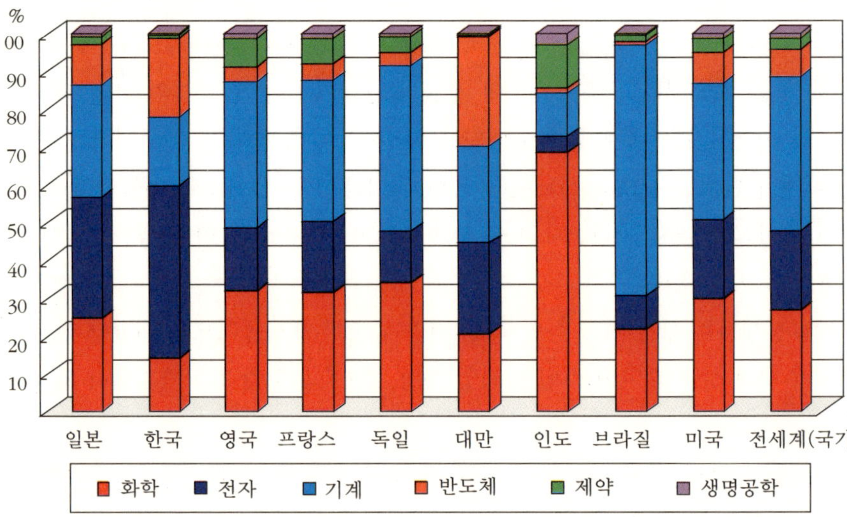

주: 계산에서 사용된 공분모는 미국 전체에서 승인된 특허 건수가 아닌 일부 선택된 산업에서 승인된 특허 건수의 합계임. 일부 산업간의 중복으로 인해 이중으로 계산된 특허가 존재할 가능성이 있음.

업 전략에 대한 비교 분석을 실시한다면, 전자 및 반도체산업에서 우위를 보이고 있는 한국 특허 성공을 뒷받침할 만한 요소를 강조할 수 있을 것이다. 이를 위해 심도 깊은 비교를 위해 이들 두 산업군의 대표적인 기업들의 기술 및 특허 전략을 분석하고자 한다. 이는 전자 및 반도체산업에서 삼성전자와 LG전자, 그리고 화학, 제약 및 생명공학 산업에 있어서의 LG화학, 동양제철화학, 그리고 유한양행이다. 특허에 대한 분석과 더불어 이들 5개 기업에 대한 인터뷰도 진행하였다.

다음에는 한국 특허에서 가장 성공적인 산업인 반도체 산업이 급속한 기술 격차해소 과정에서 어떻게 혁신역량을 개발할 수 있었는지를 분석할 것이다. 이를 위해 한국의 반도체 기업이 1980년대에 DRAM 산업에 뛰어든 이후 채택한 기술 획득 모드에 대한 설명을 한다. 특히 세계 수준의 혁신 역량을 개발한 삼성전자의 반도체 사업부문의 사례에 초점을 둔다.

1 화학/제약/생명공학산업과 전자/반도체산업 간의 한국 특허 비교분석

여기에서는 첫 번째로, 전자/반도체산업과 화학/제약/생명공학 산업군의 대표기업들의 특허 패턴을 분석한다. 이들 산업군의 주요 기업들과 진행한 현장 인터뷰에서 발견한 사항들을 구체화함으로써 이들의 혁신 및 특허 행동에 영향을 준 요인들을 분석하고자 한다.

1) 한국 기업들의 특허 패턴 분석

제Ⅱ장에서 서술하였듯, 한국은 제조 부문에 있어 상위 20개 기업의 집중도는 매우 높다. 1996년 한국의 상위 20개 기업 집중도는 63.9%였는 데 반해 미국은 42.7%, 일본은 44.2%를 나타냈다. 1994년도에 이들 20대 기업의 일부 및 기타 기업들을 포함한 상위 30대 기업의 집중도가 40%였다는 점에 비추어 볼 때, 이들 20대 기업의 R&D 집중도는 산업 집중도보다 훨씬 높음을 알 수 있다. 게다가 1993년에 상위 5대 기업은 총 R&D 지출의 31%를 차지하였다.

한국에서 이들 선두 기업들이 지니는 중요한 역할을 감안하였을 때 반도체, 전자, 화학 산업과 같은 특허 중심적 산업에 속한 한국의 선두기업들의 특허 경향을 상세히 분석해 볼 가치가 존재한다. 상기의 산업에 있어서 대표적인 한국 기업들의 특허 경향을 비교 분석하기 위해, 대표적 해외 기업을 비교 대상 기업으로 삼았다. 예를 들어, 삼성전자에 이어 세계에서 두 번째로 큰 메모리칩 기업인 Micron Technologies를 반도체 산업에 있어서의 비교대상 기업으로 선정하였다.

첫 번째로 반도체 산업에 있어서의 특허 등록 경향을 살펴보도록 하자. 〈그림 Ⅳ－2〉에서 보듯, 반도체 산업에서 한국의 주요 메모리칩 기업들과 Micron Technologies의 특허 경향은 시간에 걸쳐 유사한 것으로 나타났다. 하지만 Micron의 경우 삼성전자의 반도체 사업부문이나 기타 한국 기업들보다 이례적으로 높은 자가인용 비율 － 1999년에 20% － 을 나타내고 있으며, 이는 Micron

〈그림 Ⅳ－2〉 한국의 주요 반도체 기업들과 Micron Technologies과의 특허 경향 비교

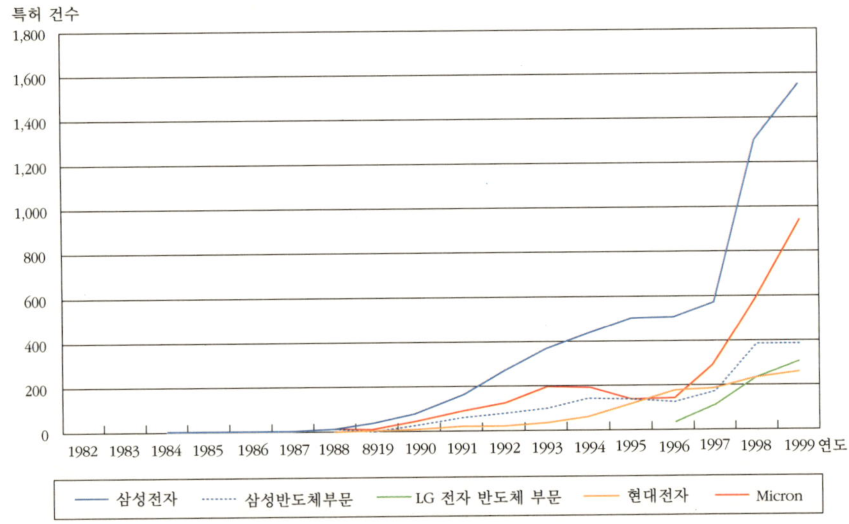

주: 삼성반도체 부문은 삼성전자의 반도체부문을 말한다. 삼성전자는 반도체부문 외에도 생활가전, 정보통신 부품과 장비, PC 산업을 포함하고 있다. LG 반도체와 현대 반도체는 2000년에 하이닉스 반도체로 통합되었다.

〈그림 Ⅳ - 3〉 LG화학과 BASF의 특허 경향

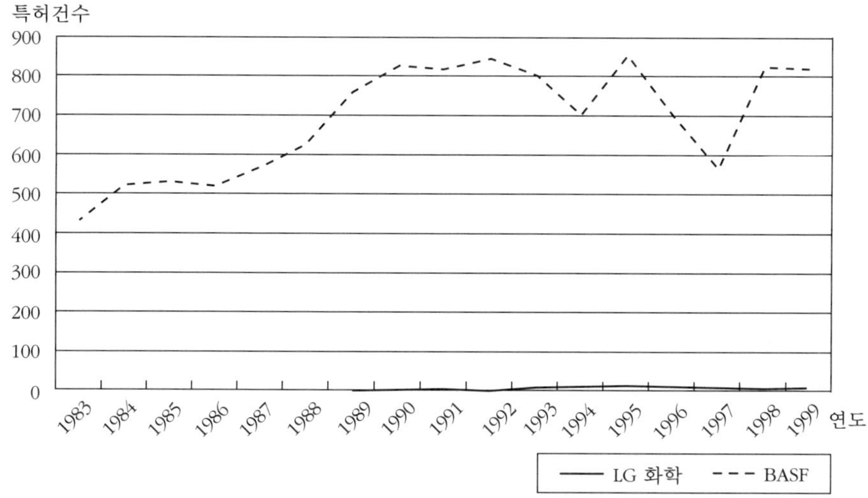

Technologies가 보다 탄탄한 기술 경로를 확립하고 있음을 의미한다.

화학산업에 있어서 한국 선두기업과 세계적 선두주자 사이의 차이는 보다 확연하다. 〈그림 Ⅳ - 3〉은 한국의 화학산업 부문 선두기업인 LG화학의 특허 건수가 1990년대 후반에 이르기까지 매우 적은(연간 50건 미만), 반면 세계적 선두 화학 기업인 BASF는 같은 기간 동안 연간 700~800건의 특허를 산출하였음을 보여준다.

상기의 분석내용을 요약하자면, 한국의 기업들이 1990년대에 혁신 역량과 특허를 크게 증가시켰음에도 특허 건수에 있어 여전히 세계적인 선두 기업과 한국의 선두 기업간에 상당한 차이가 존재하고 있음을 비교 분석을 통해 확인할 수 있었다. 하지만 삼성전자가 산업의 주도적인 혁신자의 역할을 하는 반도체 산업은 예외였다. 반면, 화학산업에 있어서 세계적 선두기업과 한국의 선두기업 사이에는 큰 차이가 존재하였다. 비록 특허 등록 경향에 대한 상세한 분석을 진행하지는 않았지만, 제약 산업과 생명공학 산업에 있어서는 이 차이가 더 크게 벌어진다.

2) 대표 기업들과의 현장 인터뷰와 문헌 연구의 시사점

한국 특허에 있어서 기업 전략의 역할과 특허 행동에 있어서의 산업 수준의 차이점에 대한 심도 깊은 분석을 진행하기 위해, 다음 두 개의 산업 군에서 5개의 대표적 기업을 선정하였다.

- 전자/반도체: 삼성전자, LG전자
- 화학: LG화학, 동양제철화학
- 제약/생명공학: 유한양행

삼성전자는 미국 내 전체 한국 특허의 약 1/3을 차지하는 한국의 선두 전자, 반도체 기업이다. LG전자는 한국에서 두 번째로 큰 전자기업이다. LG전자는 특히 가전제품, 백색가전, 정보통신기기에 강점을 지닌다.

LG화학은 한국 화학산업의 선두주자로써, 한국 화학기업에게 승인된 미국 특허의 대부분을 차지하고 있다. LG화학은 전자 및 IT 상품에 사용되는 화학 물질에 대한 R&D에 최근 초점을 두고 있다. 동양제철화학은 한국의 주요 화학업체이다. 마지막으로 유한양행은 한국의 대표적인 제약회사로, 신규 약품 개발 연구에 있어 한국에서 선구적 역할을 하였다.

인터뷰는 해당 기업의 기술 및 특허 전략을 담당하는 임원과 상급관리자를 대상으로 진행하였다. 인터뷰는 별첨 A에 첨부된 비정형화된 동일한 인터뷰 질문 형식을 바탕으로 진행되었다. 주요 인터뷰의 시사점을 요약하면 다음과 같다.

(1) 기술 전략의 발달

인터뷰 대상이었던 5개 기업은 모두 1980년대부터 혁신적인 R&D를 수행하기 시작하였다. 1970년대 이르기까지 기술 전략은 해외로부터 기술 라이센싱을 하거나 기존의 기술을 모방하기 위한 역설계에 초점을 맞추고 있었다. 하지만 1980년대에 외국 기술 보유자들은 한국 기업들이 향후 경쟁 상대로 부상할지도 모른다는 우려로 인해 우수 기술을 한국으로 이전하는 것을 점차 꺼려하게 되었다. 또한 로열티 소득을 얻기 위해 한국 기업들을 대상으로 특허 침해 소송을 제기하기 시작하였다.[2)] 가장 유명한 사례는 1980년대 중반 한국의 반도체 기업들을 대상으로 한 Texas Instrument의 소송이었다. 결과적으로, 삼성전자는 Texas Instrument에게 로열티로 거의 1억 달러를 지불해야 했다. 더군다나 제Ⅲ장에서 언급한 바 있듯이 1987년 물질특허제도의 도입은 한국의 화학 및 제약 기업들이 복제된 상품이나 약을 생산하는 것을 어렵게 만들었다. 물질특허의 도입으로 인해 제약제품에 대한 로열티 지급은 이전의 3%에서 1990년대 초반에는 10%까지 증가하게 되었다. 이러한 상황은 한국 기업들이 R&D 투자의 중요성, 특히 기존의 모방적 R&D를 뛰어넘는 혁신적 R&D에 대한 투자의 중요성을 인식하게 만들었다. 한국 기업들은 또한 특허의 전략적 가치도 인식하게 되었다. 외국기업에 대한 로열티 지급을 줄이기 위해 한국의 전자 및 반도체 기업들은 해외 기업에게 교차 라이센싱할 수 있는 특허를 확보해야 했다.

1980년대와 1990년대 초반, 내부 R&D 활동의 주요 초점은 신규 제품디자인의 개발보다는 기존 기술의 제조 프로세스 개선에 있었다. 또한, R&D 활동은 기초기술보다는 응용기술을 더 강조하였다. 하지만 인터뷰를 진행한 한국의 선두기업들은 1990년대부터 점차 신규 제품디자인과 기초기술로 R&D의 초점을 변경하기 시작하였고, 이러한 경향은 지난 몇 년간 더 증가하였다. 예를 들어 삼성전자와 LG전자는 최근 MPEG 기술, 디지털 어플라이언스, 홈네트워킹, 3세대 무선 통신 기술 등 같이 실질적인 표준이 될 수 있는 신흥 기술에 대한 특허를 확보하고자 노력하고 있다. LG화학 또한 회사가 중점을 두기 시작한 정보 및 전자 관련 물질을 위한 기초 상품 기술을 개발하기 위해 노력을 기울이고 있다.

기초 기술에 점차 초점을 둠에 따라, 삼성전자, LG전자, 그리고 LG화학은 해외 R&D 연구소의 숫자를 늘려나가기 시작하였다. 러시아와 미국에 설립된 몇몇 해외 R&D 연구소들은 기초 기술에 대한 연구에 초점을 두었고 그러한 과정에서 미국에 특허를 등록하기도 하였다.

비슷한 맥락에서 한국의 선두 제약업체인 유한양행은 신약의 기초가 되는 신

2) 한국 전자기업들의 주요 수출 상품이었던 VCR을 예로 들어보면, 1980년대에 전체 매출액 대비 로열티 지급액이 7~8%였던 것에 비해 최근에는 원천 기술의 개발과 교차라이센싱의 효과로 인해 이것이 3~4%대로 감소하였다.

규 화학물질의 개발에 초점을 두었다. 유한양행은 한국 제약업체들 중 신약 발견 R&D에 있어 선구자적인 역할을 해왔다. 1987년 이전, 다른 제약업체들과 달리 유한양행은 해외 제약업체들이 개발한 기존의 제약 제조 프로세스를 개발하기 위한 모방적 R&D를 수행하였다. 유한양행은 1987년 물질특허가 도입됨에 따라 신약 개발을 위한 R&D를 시작하였다. 현재까지 유한양행은 궤양치료약품인 YH1885를 비롯하여 5개의 잠재 신약에 대한 새로운 화학물질을 발견하였고, 그 중 둘은 다국적 제약 회사들의 도움을 받아 임상실험 단계에 있다.

유한양행은 최근 생명기술 상품에 대한 연구도 실시하였는데, 그 중 한 프로젝트는 임상실험 단계에 도달해 있다. 새로운 화학물질의 발견을 기반으로 유한양행은 현재까지 미국에서 약 60개의 특허를 등록하였다. 유한양행의 새로운 제약 R&D에 있어서의 가장 큰 문제점은 예산이 충분하지 못하다는 점이다 (작년 기준으로 200억 원, 혹은 1,800만 달러). 유한양행이 전체 매출의 6~8%를 R&D에 투자하였음에도 불구하고 국내시장 규모가 세계 제약 시장의 1.25%에 불과할 정도로 매우 협소하고 매우 낮은 산업 집중도로 매우 세분화되어 있었다. 이러한 상황은 신약 발견을 위한 연구를 수행하는 다른 한국의 제약 업체들에게도 마찬가지이다.

(2) 특허 관리 전략과 조직

인터뷰 대상이 된 기업들 중 1970년대에 특허 관리 조직을 도입한 삼성전자를 제외한 다른 기업들은 1980년대에 특허 관리조직을 설립하였다. 1980년대 후반 이후 한국 기업들이 특허를 급격히 증가시키고, 기업 임원들이 특허의 전략적 중요성을 인식하게 됨에 따라, 특허 관리조직은 규모와 기능 면에서 모두 상당히 격상되었다. 예를 들어 삼성전자는 1990년대에 특허관리부서를 지적재산권센터로 업그레이드하였다. CTO의 직접적인 관리하에서 삼성전자는 기업 전반의 조정과 지적재산권 관련 전략적 계획수립을 위한 지적재산권 전략 그룹을 설립하였다. 최근 삼성그룹은 실질적인 특허관리활동을 각각의 주요 부문과 기업 R&D 연구소로 이전하면서 특허관리 조직구조를 탈 집중화시켰다. 삼성전자는 미국 내에서의 특허 관련 법률 문제 처리를 위해 워싱턴에 특허 관리 사무소를

두기도 하였다. 현재 특허 관련 변호사를 비롯한 200명의 직원이 특허 관리 분야에서 근무하고 있다.

인터뷰를 진행한 다른 기업들 역시 기업 본부와 기업 R&D 연구소에 특허관리 조직을 두고 있었다. 기업 본부는 기업 전체의 특허 전략과 조정, 그리고 법률 문제를 담당한다. 기업 R&D 연구소의 특허 관리 조직은 관련 특허들과 전망 좋은 기술 분야를 탐색하는 기능을 수행한다.

최근까지도 한국 기업들의 특허 관리는 대체로 방어적이었다. 특허 관리조직의 주된 목적은 교차 라이센싱을 통한 로열티 지급액의 절감 및 그들에 대한 특허 침해소송을 해결하는 것이었다. 그러나 한국 기업들이 점차 더 가치 있고 수준 높은 특허들을 획득하게 됨에 따라, 특허 관리조직의 초점은 방어적인 역할에서 로열티 수입 창출의 기회를 모색하고 불법적인 침해로부터 자사의 특허 기술을 보호하는 등의 보다 공격적인 특허 관리 형태로 변모하고 있다.

인터뷰 대상이 된 기업들은 일반적으로 특허를 등록한 직원에게 주로 금전적 인센티브를 제공하였다. 또한 일부 기업들은 특허가 로열티 수입을 창출할 경우 개발자에게 로열티 수입의 일정 부분을 지급하는 경우도 있었다. 이에 더불어 몇몇 기업들에서는 R&D 직원들이 특허를 출원하도록 독려하기 위해 조직과 개인 차원의 수량적 특허 목표치를 설정하기도 하였다. 한국에서는 특허 출원, 등록, 유지에 소요되는 비용이 적었고, 한국 정부가 KIPO-NET을 사용한 전자 출원 시스템을 일본에 이어 세계에서 두 번째로 도입하였기 때문에 기업들은 조직원들의 특허 출원을 장려하면서도 큰 금전적 부담을 느끼지는 못하였다. 결국 한국에서 등록된 특허의 대부분은 거의 사용되지 않게 되었다.[3] 하지만 기업 차원의 특허 독려는 때때로 미국을 비롯한 해외에서 출원될 만한 고품질의 특허를 산출하기도 하였다. 미국에서 특허를 출원하고, 등록, 유지하는 데에는 8,000달러 정도의 비용이 소요되기 때문에 한국 기업들은 미국에서 특허를 출원에 있어 보다 선택적이 될 수밖에 없었다.

3) 1997년의 경제 위기 이후, 삼성전자는 특허 전략의 초점을 특허 건수에서 특허의 양과 질로 전환하였다. 결과적으로 삼성전자가 한국에서 출원하는 특허의 건수는 외환위기 이전의 1만여 건에서 6,000여 건으로 감소하였다.

(3) 한국 특허에 있어서 미국이 지니는 중요성

인터뷰 대상 기업들은 모두 미국에서 특허를 내는 것이 매우 중요하다는 데에 동의하였다. 이들 기업은 미국에서의 특허가 그들에게 중요한 이유에 대해 비슷한 답변을 제시하였다. 첫 번째로 삼성전자와 LG전자와 같은 핵심 수출업체의 경우, 미국은 가장 중요한 해외 시장이고 따라서 그들의 특허 전략에 있어서 가장 중요한 국가가 된다. 미국에 대한 수출이 증가함에 따라 미국 시장에서 경쟁하는 현지 기업이나 외국계기업으로부터 특허 침해로 고소되는 경우는 더욱 많아진다. 이러한 법률소송을 해결하는 가장 일반적인 방법은 양자간에 특허를 교차 라이센싱하는 것이었다. 어떤 기업이 교차 라이센싱할 만한 특허를 보유하고 있다면, 적어도 로열티 지급액을 감소시킬 수 있기 때문이다. 두 번째로는, 가장 강력한 지적재산권 보호를 제공하는 나라가 미국이라는 점이다. 이는 곧 다국적 기업들이 한국기업을 상대로 특허 침해 소송을 제기할 가능성이 높다는 것이며, 또한 그들이 한국시장을 타겟으로 한다 할지라도 전세계적으로 적용될 만한 방법을 통해 법원까지 가지 않고 적당히 해결하려고 시도하는 경우가 많다는 것이기도 하다. 따라서 방어적인 차원에서 한국 기업은 교차 라이센싱에 필요한 독자적인 미국 특허를 소유할 필요성이 있는 것이다. 비슷한 맥락에서 공격적인 입장에서도 한국의 수출업체들은 수출품목에 대한 그들의 지적재산권을 보호하기 위해서 미국에서 유사한 특허를 등록할 필요성을 가지게 되었다. 세 번째로, 한국 기업들은 미국에 등록된 특허 건수를 그들의 기술적 역량의 증거로 여겼고, 이를 효과적인 마케팅과 광고수단으로 삼았다. 이와 같은 연유에서 한국 기업들은 일본이나 EU보다도 미국을 특허의 주목적지로써 중요하게 여기게 된 것이다. 심지어 몇몇 기업들은 그들의 특허 전략에 있어 미국이 한국보다 더 중요하다고 언급하기도 하였다.

(4) 한국의 지적재산권 보호 체계의 주요 변화의 효과

한국의 지적재산권 보호환경에 있어서의 주요 변화가 기업들의 혁신 및 특허 전략에 대해 가지는 중요성에 대해서는 상반되는 답변을 얻을 수 있었다. 화학과 제약 회사들은 물질특허제도의 도입이 그들의 R&D 및 특허 전략에 미친 커다란 영향력을 강조하였다. 이들은 물질특허의 도입이 상품과 신약을 복제하였던 한국 기업들에게 주요 위협요인이 됨에 따라 R&D 노력을 강화하고 특허를 더 많이 출원하게 만들었다는 제Ⅱ장과 제Ⅲ장의 분석 결과를 증명하였다.

그러나 물질특허제도의 도입에 따른 직접적인 영향을 받지 않은 전자 및 반도체 산업의 인터뷰 대상기업들은 그들의 기술 및 특허 전략에 대한 한국의 지적재산권 보호환경 변화의 역할을 덜 긍정적으로 여겼는데, 이는 이들이 대체로 미국에서의 특허 관련 분쟁을 해결하려고 하였기 때문이었다. 인터뷰 대상 기업들 중 수출업체들은 이미 특허에 있어서 세계 기준과 맞춰가고 있었기 때문에 UR/TRIPs에 따른 1990년대 중반 한국의 대대적인 지적재산권 보호환경의 변화가 그들의 전략에 별다른 영향을 미치지 못하였다고 답변하였다.

(5) 왜 화학/제약/생명공학이 아니라 전자/반도체인가?

인터뷰에서는 또한 화학 · 제약 · 생명공학 산업들에 비해 전자와 반도체 산업이 상대적으로 특허에 있어 성공적일 수 있었는지에 대해 질문하였다. 그 결과, 산업 차원의 특징과 기업 단위의 전략이 모두 그러한 차이를 가져오는 데 작용하였음을 알게 되었다. 산업 차원에서 살펴보면, 전자와 반도체 산업은 보다 공학 주도적이고 조립 중심적인 산업인 반면, 후자의 산업 집단들은 보다 과학 주도적이다. 또한, 전자 및 반도체 산업에 있어서 기술 진보의 속도는 매우 빠르고 기업들은 주요 기술적 비연속성에 의해 한국과 같은 후발주자들처럼 종종 좋은 진출 기회를 맞닥뜨리게 된다.[4)]

반대로 화학과 제약 산업은 시간의 흐름과 시행착오 학습을 통해서만 습득 가능한 축적된 노하우를 필요로 한다. 취약한 과학적 기반과 짧은 산업 경험으로

4) 디지털 기술에 있어서의 한국의 발전이 좋은 사례가 된다. 한국은 전자산업의 기존 아날로그 기반 기술에 있어 미국과 일본에 뒤졌었다. 하지만 전자산업의 기술기반이 디지털 중심으로 옮겨가자, 삼성전자와 LG전자 등의 한국 기업들은 초기부터 디지털 기술에 많은 투자를 하며 미국, 일본, EU와의 격차를 줄일 수 있는 절호의 기회를 얻게 된다. 이들 두 기업의 미국 특허의 상당수는 신규 디지털 기기에서 발생하며 또 다른 일부는 전통적인 프로세스가 아닌 기본 상품관련 특허이다.

인해 한국의 화학 및 제약 업체들은 전자 및 반도체 산업의 기업들에 비해 느린 기술만회와 특허를 경험할 수밖에 없었다.

게다가 제약 및 생명공학산업에서 신약을 개발하기 위해서는 많은 시간과 엄청난 비용이 필요하였다.[5] 뿐만 아니라, 실패의 확률도 매우 높다. 또한 제약상품의 승인과 유통에 대한 심한 규제 환경 하에서 한국 기업들은 그들이 잠재적으로 가치가 높은 신약이나 새로운 화학물질을 개발하였다고 해도 세계적인 임상실험, 승인, 세계적 유통에 있어 다국적 제약업체에 의존할 수밖에 없었다. 주어진 자원 제약으로 인해 한국 정부와 기업들은 제약과 생명공학 분야에 많은 투자를 하기 꺼려했으며, 대신 성공 확률과 기술 격차해소가 더 용이하다고 느껴진 전자와 IT 산업에 승부수를 걸었다. 결국, 화학/제약/생명공학 산업에 대한 투자 비용과 연구자 수는 전자/반도체 산업에 미치지 못하였다.[6]

마지막으로, 전자와 반도체 기업들이 미국을 비롯한 선진국 대상 수출에 보다 초점을 맞추어 갔던 반면, 화학과 제약 업체들은 대부분 수입대체 차원에서의 국내 시장에 초점을 두었다. 예를 들어, 화학산업에 있어 가장 기술 집약적인 특수 화학물은 한국 화학기업들의 전체 수출 중 15%의 비중만을 차지하였다. 게다가 화학상품에 있어서의 수출의 대부분은 미국이나 EU가 아닌 동아시아를 상대로 이루어졌다. 한국 전자 및 반도체 기업들의 수출 중심적 특성은 기술 개발과 특허를 최우선순위로 삼도록 독려하였다. 하지만 한국의 화학 및 제약업체들의 국내시장 중심적 특징은, LG화학이나 유한 양행 같은 인터뷰 대상 기업들이

---

5) 신약의 발견, 동물실험, 임상실험과 승인에는 보통 10년이 소요된다.

6) ① 한국산업기술협회에 의하면, 1999년 12월을 기준으로 전자산업에 종사하는 R&D 연구자들은 65만 282명이며 이들은 한국의 전체 R&D 연구자의 38%인 반면, 화학산업에는 1만 5,807명만이 종사하고 있었다. 한국 전자업체들의 매출액 대비 R&D 지출은 제조기업 평균의 2배에 달하는 것이다.

② 한국 정부는 최근 생명공학산업의 발전을 꾀하고 있다. 하지만 기업관계자 및 산업 전문가들과의 인터뷰에 의하면 생명공학의 과학 중심적 성격, 오랜 연구소요시간, 엄청난 비용과 높은 실패 확률 등과 같은 이유로 한국이 유전공학 같은 생명공학 분야에서 주류로써 성공할 가능성이 낮다고 보고 있음을 알 수 있었다. 그러나 이들은 동시에 기존의 정보기술과 반도체 역량을 통해 개발 가능한 바이오인포매틱스나 바이오 칩 부문에서는 성공할 가능성이 있다고 언급하였다.

신약개발과 같은 혁신적 R&D로 최근 중심을 변경하였음에도 불구하고 대체로 기술 라이센싱과 모방적 R&D에 대한 의존에 그치게 만들었다.

(6) 정부출연연구기관 및 대학과의 협동 연구

인터뷰 대상의 모든 기업들은 기업들이 응용연구에 보다 초점을 두는 상황에서 기초 연구를 수행하는 대학과 기관들의 중요성을 강조하였다. 하지만 기업들은 한국의 대학들이 아직 그들이 기대하는 만큼의 수준 높은 기초연구를 제공하지 못하고 있다고 지적하였다. 그들은 또한 산학 협동연구가 여전히 만족스럽지 못하다고 하였다.

정부출연연구기관의 역할에 대한 이들의 반응도 유사하였다. 정부출연연구기관이 협동 연구, 교육 프로그램, 혹은 경험 많은 연구자의 스카우트 등 통해 인터뷰 대상 기업들의 초기 혁신 노력에 공헌을 하였을지는 몰라도 공헌의 정도는 시간이 흐름에 따라 감소하였다고 하였다.

인터뷰를 진행하였던 기업의 임원들과 관리자들은 특허에 대한 인센티브의 부재가 한국의 대학과 정부출연연구기관에서 결과적으로 적은 수의 특허를 출원하게 만든 원인이라고 지적하였다. 또한 미국과 마찬가지로 한국도 대학과 정부출연연구기관의 개발자들에게 보다 많은 인센티브를 제공해야 할 것이라고 주장하였다. 그리고 한국 대학에서의 보다 효과적인 특허 관리를 위해 최근 도입되는 정부 정책인 Technology Licensing Offices(TLOs)에 대해 긍정적인 반응을 보였다. 대학과 정부출연 연구기관들에게 공정한 관점에서, 기초 연구는 한국의 기업들이 수행하는 응용 연구에 비해 그 특성상 적은 수의 특허를 산출할 수밖에 없다는 점도 지적하였다.

다음에는 가장 성공적으로 꼽히는 사례로써, 삼성전자와 한국 반도체산업의 경이로운 기술 및 특허 격차해소의 배경이 된 요인들에 대해 보다 자세히 분석한다.

2 삼성전자와 한국 반도체 기업들의 특허 격차해소

미국 내에서의 한국 특허 급성장 뒤에는 한국 반도체산업의 이례적인 성공이 존재했다. 제Ⅱ장에서 살펴보았듯이, 미국에서 승인된 전체 한국 특허 중 반도체 특허의 비중은 1989년 10%에서, 1999년에는 크게 증가한 26%에 이르렀다. 삼성전자는 1999년 400개의 반도체 특허를 획득하였다. 이로 인해 〈표 Ⅳ - 1〉에 나타나듯, 삼성전자는 반도체 특허를 성공적으로 증가시킴으로써 1999년과 2000년 미국에서 네 번째로 큰 특허 등록자가 될 수 있었다.

특히 DRAM 분야에 있어서의 강력한 혁신 역량으로 인해 삼성전자는 2001년 전체 DRAM 시장의 27%를 차지하면서 DRAM 분야의 세계적인 리딩업체가 되었고, 같은 해 삼성전자는 세계에서 네 번째로 큰 반도체 생산업체가 되었다. 〈표 Ⅳ - 2〉는 삼성전자의 반도체 사업부문의 역사를 요약하여 제시하고 있다.

그렇다면 어떠한 요소들이 한국의 반도체 기업들, 특히 삼성전자가 강력한 혁신역량을 개발하도록 한 것일까? 이 질문에 대한 답을 하기 위해 본 연구에서는

〈표 Ⅳ - 1〉 미국에서의 10대 특허 등록 기업

순위		기업명	특허승인건수	
1999	2000		1999	2000
1	1	IBM	2,756	2,886
2	2	NEC	1,842	2,020
3	3	Canon Kabushiki Kaisha	2,795	1,890
4	4	삼성전자	1,545	1,441
8	5	Lucent Technologies	1,152	1,411
5	6	소니	1,410	1,385
14	7	Micron Technology	933	1,304
6	8	도시바	1,200	1,232
7	9	Motorola	1,192	1,196
7	10	후지쯔	1,192	1,147

출처: USPTO

〈표 Ⅳ - 2〉 삼성전자 반도체 사업부문의 역사(1974~2000년까지)

1974	삼성의 칩 조립사업 시작(한국반도체)
1978	삼성반도체로 이름 변경
1983	기흥 공장 건설 시작. 64Kb DRAM 개발 성공
1984	기흥 공장 생산라인 1의 완성. 256Kb DRAM 개발 성공
1985	수주 물량 $1억 달러 돌파
1988	4Mb DRAM 개발, 삼성반도체와 삼성전자의 통합
1989	16Mb DRAM 개발
1990	온양에서 생산 시작
1992	세계 1위의 DRAM 생산업체 등극
1993	세계 1위의 메모리 생산업체 등극
1994	세계 최초로 256Mb DRAM 개발 성공
1995	TFT-LCD의 대량생산 시작
1996	64비트 Alpha CPU와 1Gb DRAM 개발
1997	세계에서 가장 큰 30인치 TFT-LCD개발
1998	텍사스 오스틴에서 생산시작. 세계 1위의 TFT-LCD 생산업체 등극
1999	256Mb SDRAM 대량생산 시작. 1GHz Alpha CPU, 1Gb DDR DRAM, 1Gb 플래시메모리 개발. 경기도 화성에 제2공장 건설 시작
2000	세계 최초로 288Mb Direct Rambus DRAM 개발 0.12μ(디자인 룰의 512Mb DDR SDRAM 세계 최초 개발

출처: www.samsungelectronics.com/semiconductors

1980년대 초반 반도체 산업 진출 이후 한국 반도체 기업들의 기술 획득 및 개발 전략의 발전을 분석한다.

1) 삼성 반도체의 기술 획득 전략

지난 20년 사이, 한국은 조립품의 단순한 생산자의 입장에서 2000년에는 전체 세계 DRAM 시장의 27%를 점유하는 등 DRAM의 세계적 강자로 떠올랐다. 한국의 선두 전자업체인 삼성전자는 1983년에 VLSI 사업에 진출하여 1994년 세계에서 최초로 256M DRAM 칩을 개발하게 되었다. 이러한 한국의 급격한 기술 격차해소 뒤에는 대재벌들이 중요한 역할을 수행하였다. 1983년과 1984년 동안 삼성, 현대, LG는 반도체에 대해 대규모의 투자를 단행하였다.

한국의 반도체 기업들은 DRAM 사업에 진출한 이후, 기술 라이센싱, 내부 개발, 기술 탐색용 해외 직접투자, 그리고 우수 기술자의 스카우트 등 다양한 기술 획득 방안을 동시다발적으로 활용하였다(Song, Almeida, and Wu, 2001). 여기에서는 삼성전자를 중심으로 한국 반도체 기업들의 기술 획득 방안의 발전을 상세하게 살펴보도록 한다.

(1) 기술 라이센싱

기술 라이센싱은 초기에 핵심 기술을 획득하는 데 있어 중요한 역할을 하였다. 1983~1988년 동안 한국 반도체 기업들은 101건의 기술 라이센싱 협약을 체결하였는데 이 중 66건은 미국 기업과 체결한 것이었다. 예를 들어, 삼성전자는 미국의 Micron Technology로부터 64K와 256K DRAM의 칩 디자인과 마스크를 라이센싱하였고, 일본의 샤프로부터 CMOS 프로세스 기술과 16K SRAM 디자인을 라이센싱하였다. 삼성은 초기에 NEC, 도시바, Texas Instruments, 인텔과 같은 미국과 일본의 주요 DRAM 생산자들에게 접근하였으나, 그들은 모두 삼성전자를 거절하였다. 결국, 당시로써는 신생기업이었던 Micron Technology가 재무상황의 해결을 위해 DRAM 기술을 라이센싱하기로 동의하였다. 그러나 Micron Technology는 삼성의 향후 개발에 활용될 만한 중요한 노하우를 공개하는 것에 대해서는 매우 민감한 입장을 보였다.

(2) 고급 장비에 내재된 기술

해외 반도체 장비 생산자들은 한국 기업들이 생산기술을 빨리 학습할 수 있도록 도와주었다. 삼성전자는 세계에서 최초로 6인치가 아닌 8인치 water fabrication 장비를 도입한 DRAM 기업이었다. 삼성전자는 최초 도입자로써 새로운 장비의 생산 증대 능력을 증명하고자 하는 장비 생산자들로부터 전폭적인 기술지원을 받을 수 있었다. 결국 한국 기업들은 선진 제조 기술을 마스터하고 빠르게 수익을 개선할 수 있었다.

(3) 내부 R&D 와 경험 많은 기술자의 스카우트

한국의 3대 반도체 기업들의 기술적 진보에 있어 주목할 만한 요소는, 이들이 라이센싱을 통한 수입 기술에 전적으로 의지하는 대신 처음부터 내부 R&D 활동에 많은 투자를 하면서 그들의 기술 역량을 개선하였다는 점이다. DRAM 산업에서의 기존 지식이 부족함을 인식한 삼성과 현대는 그들이 DRAM 사업에 뛰어든 같은 해인 1983년, 실리콘밸리에 R&D 연구소를 설립하였다.

메모리 사업에 진출하기 위한 첫 번째 시도로써 삼성전자는 먼저 경험 있는 한국인 반도체 기술자를 채용하기 시작하였다. 삼성전자는 인적자원 스카우트 팀이라는 태스크포스 팀을 가동하여 1983년, 이후 삼성의 초기 기술습득에 있어 핵심적인 역할을 담당하게 되는 5명의 한국계 미국인 박사학위 소지자 5명을 스카우트 했다. 〈표 Ⅳ－3〉에 나타나듯, 그들은 IBM, Honeywell, Zilog, Intel, National Semiconductors과 같은 미국의 반도체 기업에서 반도체를 설계한 경험을 가지고 있었다.

한국 기업에 의해 스카우트된 이들 미국 출신 한국인 기술자들은 기술 격차해소 과정에 있어 핵심적인 역할을 담당하였다. 1965년 이후, 우수한 한국 공학분야 학생들은 학위를 목적으로 미국으로 향했다. 이들 대부분은 한국에서 그들의 고급 기술을 활용할 기회가 없었기 때문에 대다수가 미국에 머무르며 미국기업에서 일하고 있었다. 많은 자금을 지닌 한국 재벌들은 1980년대에 반도체 산업과 같은 기술 집약적 산업에 진출하면서 미국에 거주하고 있던 경험 많은 기술자와 관리들을 채용하였다. 이들 중 대다수는 한국으로 돌아오기를 희망하

〈표 Ⅳ－3〉 초반 주요 기술자들의 학력 및 직장경력 현황

이름	교육 (Ph.D.)	삼성 입사 이전의 경력
이임성	Stanford University	GE, IBM, Sharp
이상준	University of Minnesota	Control Data, Honeywell, Zilog
이일복	University of Minnesota	Intel, National Semiconductor
이종길	Notre Dame University	Intersil, Synertek
박용이	University of Michigan	Intel, Western Digital

출처: 삼성전자의 신화와 비밀, 강진구: 고려원, 1996

였다. 하지만 특히 한국계 미국인 기술자들은 한국 기업을 위해 일하려는 의지가 있음에도 한국으로 이주하는 것을 원하지 않았다. 실리콘밸리에 R&D 연구소를 설립한 주요 목적은 실리콘밸리에 머무르기를 원한 기술자들을 유치하기 위함이었다.

기술 개발의 초기단계에 있어 실리콘밸리의 R&D 연구소는 한국에서의 대량생산을 위해 라이센싱된 기술을 흡수하는 것뿐 아니라 새로운 지식을 창출하기 위한 노력도 시도하였다. 예를 들어 실리콘밸리에 위치한 삼성의 R&D 연구소인 SSI는 1982년 삼성이 DRAM 사업 진출을 발표한지 6개월 만에 64K DRAM의 설계와 생산 프로세스에 있어 핵심적인 역할을 담당하였다.

또한, Micron으로부터 라이센싱된 기술을 바탕으로 64K DRAM을 개발한 지 10개월 만에, SSI는 256K DRAM의 독자적인 디자인을 개발하였고, 이는 Micron Technology로부터 라이센싱 받은 디자인보다 더 우수하다는 평가를 받았다. Mostek에서 이주한 몇몇 디자이너를 비롯하여 일부 미국인 기술자들과 함께, SSI의 경험 많은 한국 기술자들은 256K DRAM의 디자인과 프로세스 개발을 이끌었다. SSI는 최고 전성기 당시 상당수의 한국인을 포함하여 260명의 현지 기술자들을 고용하기도 하였다. LG전자 또한 1983년 Santa Clara에 R&D 연구소를 설립하고 한 때 430명의 현지 기술자들을 고용하였다. LG는 또한 1984년 상대적으로 작은 규모의 R&D 기지를 Sunnyvale에 설립하고 115명의 현지 반도체 기술자들을 고용하기도 하였다.

상당수가 한국인이었던 해외 R&D 연구소의 기술자들을 통해 한국 기업들은 애초부터 부족하였던 기술적 노하우를 가져올 수 있었다. 또한 이들 해외 R&D 연구소들은 한국에서 교육받은 기술자들을 재교육하는 데에 사용되기도 하였다. 이외에도 해외 R&D 연구소들은 최신 기술 정보나 미국이나 실리콘밸리에서 일어나는 새로운 기술 경향을 모니터하는 데 있어 정보수집의 전초기지로써의 역할도 수행하였다.

해외로부터 경험이 풍부한 기술자들을 확보한 것은 기술 격차해소 과정에서 지속적인 핵심 전략으로 작용하였다. 미국에 머무르던 많은 한국인 기술자들은 한국으로 돌아와 한국의 반도체 기업들이 1990년대 초반 이후 글로벌 메모리칩 강자로 떠오르는 데에 핵심적인 역할을 수행하였다.[7] 진대제 박사와 황창규 박사는 삼성전자의 DRAM 리더십 확보에 있어 중요한 역할을 한 주요 인물들이다. 스탠포드 전기공학 박사학위 소유자인 진대제 박사는 HP와 IBM에서 일한 바 있으며, 삼성에서는 4M DRAM 개발과 이후 64M DRAM에 대한 개발 책임을 가지고 있었다. MIT 박사학위소지자인 황창규 박사는 스탠포드 대학 및 인텔에서 일한 경험이 있으며, 1989년 삼성에 합류하여 256M DRAM팀을 지휘하였다.

삼성의 내부 문서 자료에 의하면, 1989년도의 36명의 개발팀 리더 중 14명(39%)의 선임기술자가 해외 근무 경험을 가지고 있었다. 이 중 12명(10명은 박사학위 소지자)은 미국에서 학위를 받았고 삼성에 합류하기 전에 미국 기업에서 근무하고 있었다.[8] 36명의 팀 리더 중 또 다른 14명(39%)은 미국의 주요 연구대학의 학위소지자였고, 이 중 12명의 박사학위 소지자였는데 이들은 미국에서 근무한 경험은 없었다. 8명(22%)의 팀 리더 중 6명의 박사학위 소지자만이 해외에서 유학하거나 근무한 경험이 없었다. 36명의 팀 리더 중 9명의 선임기술자는 실리콘밸리의 SSI에서 근무하였다. 이들 9명의 선임기술자 중 8명은 미국에서 학위를 수여 받은 후 미국 기업에서 연구 경험을 가지고 있었다. 이러한 수치들은 삼성의 초기 기술개발 역사에 있어서 미국에서 교육 혹은 근무한 귀환두뇌(returned brain)의 우위를 보여주고 있다.

한국의 반도체 기업들은 한국에서의 독자적인 내부 R&D 역량을 빠르게 개선해 나갔다. 삼성전자는 1987년 총 매출의 12.6%를 R&D에 투자하였고, 20명의 박사학위소지자(대부분 미국)를 포함해 총 966명의 연구자를 고용하고 있었다.

7) Finn(2000)에 따르면 1992, 1993년 과학과 공학 분야의 외국인 박사학위 취득자 가운데 한국의 박사학위 소지자들의 1997년까지의 미국 체류 비율이 가장 낮았다. 평균 미국 체류 비율이 53%인 데 반해 9%의 한국인 박사학위 소지자가 1997년까지 미국에 체류하였다. 1994, 1995년에 박사학위를 취득한 한국인이 1999년까지 미국에 체류할 확률은 15%로 증가하였는데, 이것은 1997년 한국의 외환위기의 영향으로 보이며 외국인 박사학위 취득자 중 여전히 가장 낮은 수치이다(Finn, 2002).

8) 일본에서 박사학위를 취득한 한 명과, 미국에서 학사학위를 취득한 다른 한 명의 선임기술자는 해외 식상경력을 가지고 있었다.

같은 해 동안 삼성은 전체 매출의 4%를 로열티 지급에 사용하였다. 초반에는 대다수의 R&D 활동이 미국에서 이루어지고, 생산활동은 한국에서 이루어졌다. 한국 기업들은 공동 연구, 컨설팅, 교육 등을 장려하며 실리콘밸리의 R&D 연구소와 한국의 기업 R&D 연구소 및 wafer 가공간의 활발한 상호작용을 촉진하였다.

이와 같은 프로세스는 실리콘밸리의 R&D 연구소로부터 한국으로의 효과적인 기술 이전을 활성화하였다. 미국기업에서 고용된 경험 많은 기술자들 또한 한국의 R&D 연구소와 공장에서 핵심 위치를 차지하였다. 1M DRAM의 개발을 시작으로 한국의 R&D 연구소들은 점점 중요한 역할을 수행하기 시작하였다. 결과적으로, 1990년대에 들어서는 실리콘밸리 연구소와 기술 획득 방안으로서의 기술 라이센싱의 중요성이 빠르게 감소하였다. 반면, 한국 기업들이 독자적인 혁신역량을 개발함에 따라 전략적 제휴 및 공동개발의 숫자는 1990년대에 크게 증가하였다(Joo, 1999).

시간이 지나면서 삼성이 DRAM 기술에 있어 세계적 리더로 부상함에 따라 핵

〈표 Ⅳ－4〉 한국 기업의 반도체 관련 특허 출원 현황

구분	1989	1990	1991	1992	1993	1994	합계
디자인							
한국	130	95	220	196	166	171	978
해외	214	198	284	247	191	236	1,370
소계	344	293	504	443	357	407	2,348
생산 프로세스							
한국	578	1,269	1,938	1,850	2,535	3,165	11,335
해외	751	889	952	913	1,019	1,317	5,841
소계	1,319	2,158	2,890	2,763	3,554	4,482	17,176
총계							
한국	708	1,364	2,158	2,046	2,701	3,336	12,313
해외	965	1,087	1,238	1,160	1,210	1,535	7,211
총계	1,673	2,451	3,394	3,206	3,911	4,889	19,524

출처: 특허청. Quoted from Kim (1997)

심 기술포스트에서의 귀환두뇌의 비율은 감소하였고, 국내에서 교육받고 훈련받은 기술자들이 한국 반도체 기업의 R&D 활동에 있어 중요한 역할을 담당하게 되었다. 2001년 기준으로, 현장 생산자를 제외한 삼성전자의 직원들 중 25%가 1,200명의 박사학위소지자를 포함, 대학원 수준의 학위를 가지고 있었다. 대부분의 박사학위 소지자와 다른 석사학위 소지자들은 삼성의 R&D 운영 부문에서 근무하였다.

반도체산업 진출 초기부터 국내뿐 아닌 실리콘밸리와 기타 글로벌 혁신센터를 포함하여 자체적인 R&D 능력을 많이 강조하였던 한국기업들의 노력은 효력을 발휘하기 시작하였다. 〈표 Ⅳ－4〉는 한국의 반도체 기업들이 국내외에서 모두 급격하게 특허 출원을 증가하였음을 보여준다. 이들의 특허의 대다수는 생산프로세스의 개선 및 혁신에 기반한 것이었지만, 상당수의 반도체 디자인 특허를 출원하기도 하였다.

3 결론

제Ⅳ장에서는 한국의 최근 특허에 대한 기업 수준의 상세한 분석을 실시하였다. 특허 인용의 분석을 통해 한국 기업들이 한국 내에서 독자적인 기술 경로를 확립하는 중임을 알 수 있었다. 즉 한국 기업들이 다른 한국 특허를 인용할 경향은 1990년대에 꾸준히 증가하였다. 본 장에서는 또한 한국의 선두기업들과 같은 산업의 해외 리딩업체들을 대상으로 비교 분석을 실시하였다. 비교분석을 통해 삼성전자와 같은 한국의 선두기업들이 1990년대에 실제로 특허를 급격히 증가시켜 왔음을 확인하였다.

하지만, 전체적으로 글로벌 리딩업체들과 한국 선두기업들 간에는 특허 건수에 있어 많은 차이가 존재한다는 점을 주지할 필요가 있다. 특히 이러한 차이는 화학산업에서 크게 나타났다. 삼성전자를 위시한 한국의 반도체 기업들은 해당 분야의 특허 측면에서 Micron Technologies와 같은 글로벌 리더를 따라잡

았다.

본 장에서는 또한 전자/반도체와 화학/제약/생명공학이라는 두 개 산업군의 5개 주요 기업을 대상으로 비정형화된 인터뷰를 진행하였다. 이들 산업에서의 대표 한국 기업에서의 인터뷰 결과를 요약하면, 시간이 지남에 따라 특허가 이들 기업전략의 중심 영역이 되었음을 발견할 수 있었다.

초기 한국기업들은 급격히 상승하는 로열티 지급액과 특허 침해 소송을 통해 특허의 중요성을 인식하였다. 한국의 화학 및 제약산업들이 로열티를 지급하지 않고는 상품이나 제약제품을 복제할 수 없게 만든 물질특허제도의 도입은, 한국의 기업들이 R&D와 특허를 강조하게 만들었다. 따라서, 초창기 특허의 주요 역할이 교차 라이센싱의 기초가 되기 위한 방어 목적이었다는 것은 놀라운 사실이 아니다.

이를 위해 한국 기업들, 특히 수출업체들은 대부분의 수출이 발생하는 미국에서 특허를 등록할 필요성을 갖게 된다. 미국에서 특허를 출원하는 것은 미국이 가장 중요한 수출 시장이었고 따라서 한국 기업들이 미국에서 현지 혹은 외국계 기업들로부터 소송 당할 가능성이 있기 때문에 매우 중요하다. 한국기업들이 보다 가치 높은 특허를 생산함에 따라, 이들 기업들의 특허 관리는 로열티 소득 추구의 차원에서 보다 공격적이 되었다.

또한 인터뷰를 통해 기술 개발의 과학 주도적 특징, 축적된 노하우의 중요성, 그리고 긴 개발기간과 대규모의 비용 소요 및 낮은 성공확률로 인해 한국의 정부와 기업들이 화학, 제약, 생명공학 산업에 대한 투자를 강조하지 않았음을 알 수 있었다. 결과적으로, 이들 산업에 있어서의 특허는 전자나 반도체산업보다 활발하지 않게 되었다.

마지막으로, 삼성전자를 중심으로 한국 기업들의 혁신 및 특허에 있어서의 핵심 성공요인에 대한 심층적 분석을 실시하였다. 기술 획득 방안 발전에 대한 심층적 분석은 삼성전자와 다른 한국 기업들이 빠른 기술격차해소 프로세스에 있어서 다양한 기술 획득 모드를 효과적으로 사용했음을 보여준다. 시간이 지남에 따라, 기업들은 기술 라이센싱에 대한 의존을 줄이고 해외 기업들과의 제휴와 공동개발을 증가시켰다. 한국 반도체 기업들은 초반부터 내부 R&D 역량 개발에 대규모 투자를 실시하였고 그 과정에서 해외로부터 스카우트한 경험 많은 기술자들이 중요한 역할을 수행하였다. 결과적으로 제Ⅱ장에서 살펴본 바와 같이 이들 민간기업들, 특히 삼성전자와 같은 5대 재벌의 계열사들은 미국 내에서의 한국의 최근 특허 건수 증가에 있어 핵심적인 역할을 담당하였다.

제 V 장

연구의 요약과 시사점

제V장에서는 일단 주요한 결과를 요약하고, 이론적 · 정책적 시사점을 제시한다. 마지막으로, 한국의 앞으로의 혁신 및 특허 전략에 있어서 남아 있는 과제에 대해 논의한다.

1 주요 내용과 요약

이 책의 초반부와 내용을 통해 구체화하였듯 한국은 지난 20년 동안, 특히 1990년대에 국내 외에서 특허의 수를 증가시키는 데 있어서 이례적인 성공을 거두었다. 본 연구에서는 1990년대 한국의 특허 건수 증가를 가져온 혁신 역량 개선의 성공에 영향을 준 핵심 요소들을 분석하고자 하였다. 한국의 특허 건수 증가에 대한 설명을 보다 엄격하게 분석하기 위해 한국과 미국의 특허 데이터 모두에 대해 심도 깊은 분석을 실시하였다.

본 연구를 통해 발견한 점들을 간단하게 요약해 보자면, 제 I 장에서는 1990년대 미국 특허 통계에서의 한국 특허의 성장이 선진국과 개발도상국을 포함한 대부분의 국가들보다 상당히 높다는 점을 보여주었다. 전자산업, 특히 반도체 부문에 있어서의 특허 건수 증가는 미국 내 한국 특허의 이례적인 증가를 설명하는데 공헌을 하였다. 다른 국가의 경우와는 다르게 한국의 전체 특허 대비 화학산업, 자동차를 포함한 기계산업의 비중은 상대적으로 낮았다.

제 I 장에서 분석한 한국 특허의 전반적인 패턴과 경향을 기초로 하여 제 II 장에서는 한국의 최근 특허 건수증가에 대한 원인을 심층적으로 분석하였다. 이를 위해 Kortum과 Lerner(1999)' 의 가정과 검증 체계에 새로운 대안적 설명을 추가하여 수정을 가하였다. 수요견인의 관점(혹은 "기술적 기회의 가정"), 지적재산권압력의 관점(혹은 "우호적 법원의 가정"), 공급압력의 관점(혹은 산업 업그레이드 관점), 그리고 기업전략 관점을 제안하고 검증하였다. 다양한 통계적 기술과 2차 데이터에 대한 질적 분석을 기반으로 한 실증적 분석을 바탕으로 4가지 가정이 모두 한국의 최근 특허 건수 증가를 일정 정도 설명한다는 것을 발견하였다. 하지만, 수요견인의 관점과 지적재산권압력의 관점은 주어진 현상에 대한 완벽한 설명을 제공하기에는 불충분하였고, 공급압력의 관점이 보다 나은 설명을 제공하는 것으로 결론지었다.

5대 재벌의 중추적인 역할과 우수한 R&D 생산성을 강조하는 기업 전략 관점이 한국 특허의 최근 증가에 대한 가장 훌륭한 설명을 한다고 주장하였다. 특히, 삼성그룹과 그 계열사인 삼성전자는 1990년대 미국 내 한국 특허의 급격한 증가에 있어 핵심적이었다. 본 연구에서는 또한 이들 재벌들이 기존의 생산 효율성 중심 전략에서 보다 혁신적이고 R&D 주도적인 전략으로 초점을 변경함에 따라, 미국 내에서의 특허 건수의 놀라운 성공에 중요한 역할을 하였다고 주장하였다. 1980년대 후반 이후부터 5대 재벌을 중심으로 한 민간기업들은 R&D 비용의 지출을 급격히 늘려나갔고 결과적으로 GDP 대비 민간기업의 R&D 투자의 연간 성장률의 측면에서 세계에서 가장 높은 성과를 냈다.

제 III 장에서는 한국의 주요 지적재산권 보호 체계의 변경 및 이것이 한국 기업들의 특허 활동에 미친 영향에 대해 분석하였다. 1980년 이후, 한국은 지적재산권 보호체계를 공격적으로 업그레이드하였다. 기존의 연구(Ginarte and Park, 1997)와 본 연구에서의 분석은 1990년대 한국의 지적재산권 보초 환경이 대다수의 개발도상국이나 독일이나 프랑스 같은 일부 선진국보다도 더 강력하였다는 사실을 보여준다. 한국은 현재 다른 어떤 개발도상국보다도 WTO/TRIPs에 완전한 일치를 보이고 있다.

한국 최초의 지적재산권 보호 체계 변화는 미국 정부의 압력으로 인해 시작되었으나, 한국 정부 또한 한국 기업들이 모방자에서 혁신자로 전환하도록 장려하고자 하였다. 물질특허제도의 도입과 같은 지적재산권에 있어서의 주요 변경의 영향력에 대한 분석 결과, 정부의 이러한 노력은 한국 기업들이 보다 혁신적이 되도록 장려하는 데 있어 긍정적으로 작용한 것으로 보인다. 또한 지적재산권에 대한 강력한 보호는 외국계 기업들이 한국 기업에 대해 기술을 보다 적극적으로 라이센싱하도록 촉진하였고, 그 결과 기존 기술을 한국기업에 확산시키는 것을 활성화하였다. 물론 법적 프레임워크가 지적재산권의 보호 하에서 새로운 기술의 창조에 중점을 두기는 하였지만, 한국 정부는 복잡한 정보 확산 인프라를 구축함으로써 특허 기술의 폭넓은 확산을 꾀하였다.

제Ⅳ장에서는 1990년 한국의 특허 급증에 영향을 미친 요소들에 대해 산업 및 기업 단위에서 기업의 혁신 및 특허전략의 변화에 관한 심층적인 분석을 진행하였다. 제Ⅱ장에서 살펴보았듯, 5대 재벌은 한국의 혁신 역량과 연구 생산성을 향상시키는 데 있어 큰 공헌을 하였다. 기업단위 분석을 통해 삼성전자와 같은 한국의 선두기업들이 1990년대에 그들의 특허를 크게 증가시켰으나 여전히 한국의 산업 선두주자와 글로벌 산업 리더 사이에는 큰 차이가 존재함을 발견하였다. 하지만 삼성전자가 세계적인 선두 혁신기업으로 떠오른 반도체산업만은 예외였다.

한국의 주요 기업들에 대한 현장 인터뷰를 통해 물질특허제도의 도입이 한국 기업들의 강화된 R&D 노력에 긍정적인 영향을 미쳤다는 등의 연구 내용을 대체로 확인할 수 있었다. 인터뷰를 통한 발견을 바탕으로 또한 한국 기업들이 왜 미국을 한국의 가장 중요한 수출 시장으로 보고, 대다수의 특허 관련 소송 처리의 장으로 여기는 등 미국에서의 특허 출원에 대해 최우선 순위로 생각하는지에 대해 알 수 있었다. 이밖에도 주요 한국기업들에 있어 혁신과 특허가 기업 전략의 핵심이 되었음을 확인할 수도 있었다. 이러한 과정에서 주요 한국기업들은 최근 특히, 신생 기술 영역에 있어 보다 가치 있는 특허들을 많이 산출함에 따라 방어적인 특허 관리에서 공격적인 특허 관리로 자세를 전환하였음을 알 수 있었다.

마지막으로, 삼성전자와 기타 한국 반도체 기업들이 어떻게 혁신 역량을 획득할 수 있었는지에 대한 심층 분석을 통해, 급격한 기술격차해소 과정에서 이들이 다양한 기술 획득 및 개발 방법을 효과적으로 혼합하여 사용하였음을 발견하였다. 한국 기업들은 특히 반도체산업에 진입한 매우 초기부터 R&D 역량에 많은 투자를 하였고, 그러한 과정에서 해외로부터 경험 많은 기술자들을 고용하고 세계적 혁신 센터에 해외 R&D연구소를 설립함으로써 해외에서 습득 가능한 최고의 기술을 단시간에 습득하고자 하였다.

2 이론적 · 정책적 시사점

본 연구를 통해 무엇을 얻을 수 있는가? 본 연구는 몇몇 이론적, 정책적 시사점을 제공하고 있다. 첫 번째로, 이론적인 시사점의 측면에서 본 연구는 지난 20년간의 특허 건수 증가에 대한 기존의 연구들에 공헌한다. Kortum과 Lerner는 (1999), 그들의 뛰어난 연구를 통해 기업의 "훌륭한 R&D 관리"가 미국 특허의 최근 증가에 있어 가장 중요한 원인으로 여겨진다고 주장하였다. 이들이 "훌륭한 R&D 관리"에 대한 직접적인 증거를 제시하지는 않았지만, 본 연구에서는 실증적인 분석을 통해 "훌륭한 R&D 관리" 관점에 대한 보다 구체적인 증거를 제시하고 있다. 본 연구는 또한 Kortum과 Lerner에 의해 기각된 기술적 기회 관점 혹은 "우호적 법원의 가정"에 대한 뒷받침도 일부 하고 있다.

본 연구에서는 또한 기술 업그레이드 차원에서의 공급압력의 관점이나, 기업 전략 관점과 같은 새로운 설명을 추가함으로써, 미국 특허 건수의 증가에 관한 설명을 한국적 상황에 맞게 보완하였다. 혁신과 특허에 있어서의 글로벌 리더인 미국의 혁신 역량을 설명하기 위해 이전에 제시된 기존의 관점들이 기술 추종자의 입장인 한국과 같은 개발도상국의 특허 건수 증가를 설명하기에는 어려움이 존재한다고 생각하였다. 따라서 위와 같은 보완은 다른 개발도상국의 상황에서 향후 연구를 진행함에 있어 도움이 될 것이다.

마지막으로, 본 연구는 개발도상국에 있어서 지적재산권, R&D 투자와 특허, 그리고 경제발전의 관계에 대한 최근의 논쟁에 대한 중요한 정책적 시사점을 제시하고 있다. 본 연구에서는 한국의 경험에 대한 심층적 연구를 바탕으로 정부에 의한 지적재산권 보호 체계의 대대적인 변경이 치열한 다국적 기업들과의 해외 경쟁 상황에서 국내 기업들이 보다 혁신적으로 변모하도록 장려할 수 있다고 주장하고 있다. 또한 정부의 정책이 보다 기술 집약적인 하이테크 산업으로의 산업 업그레이드를 촉진함으로써 국내 기업들이 이들 산업에 진입하고, 이후에 외국기업들과의 생존 경쟁 압력 하에서 혁신 역량의 개발에 대해 보다 적극적으로 임하도록 장려하는 데 효과적일 수 있을 것이다.

하지만 모방자에서 혁신자로 변모하고자 도전하였던 한국의 재벌들과 같은 기업가적이고 위험을 감수하는 민간기업들이 없다면 개발도상국에서 강력한 지적재산권 보호체계를 적용하려는 정부정책은 그다지 효과적이지 못할 것이며, 심지어는 더 많은 비용이 발생하고 경제 개발에 유해할 수 도 있다고 Helpman (1993)과 Glass와 Saggi(1995)가 경고된 바 있다. 한국의 경우에 있어 정부출연연구기관과 대학들은 민간기업들과는 달리 낮은 연구생산성을 보였으며, 최근 특허 건수의 증가에 영향을 미치지 못하였다는 점을 주지해야 한다.

따라서, 한국이 혁신 역량과 특허 포트폴리오를 빠르게 개발하는 데 있어 성공한 데에서 얻을 수 있는 교훈은, 정부가 초기부터 기업가적인 기업을 양성하고 훌륭한 인센티브와 인프라를 제공하여 순차적인 산업 업그레이드 과정에서 시간이 지남에 따라 보다 R&D 주도적인 혁신적 전략으로 전환해 가도록 장려해야 한다는 점이다. 또한 제Ⅲ장에서 살펴보았듯, 강한 지적재산권 보호환경은 외국의 기술 보유자들이 현지 경쟁자에 대한 기술 유출에 대한 우려 없이 기술 라이센싱이나 해외직접투자의 형태로 기술을 전환하도록 장려할 수 있기 때문에 외국계 다국적기업들로부터의 기존 기술의 빠른 확산에 있어서도 효과적일 수 있다는 점을 보여준다.

3 향후 과제

지금까지 서술한 것처럼 한국은 국내외에서 특허 건수를 증가시키는 데 있어 이례적인 성공을 거두었다. 그렇다면 한국이 직면한 향후 과제는 무엇일까? 한국에 있어 가장 중요한 과제는 특허의 질을 개선함으로써, 특허 기술로부터의 수익과 로열티 소득을 증가시키는 것이다.

특허청에서 최근 실시한 설문조사 결과에 따르면, 대기업들이 한국에서 등록한 특허의 7.2%만이 R&D 비용을 충당할 만한 규모의 상업적 수익이나 로열티 소득을 창출하고 있었다. 일본의 경우 이 수치는 30%에 이른다. 또한, 대기업에 의해 등록된 특허의 21.9%만이 상업적 목적으로 활용되었다. 결과적으로 2000년 한국이 벌어들인 전체 로열티 소득은 2억 달러였는데, 이는 IBM이 벌어들이는 전체 로열티 소득 (약 17억 달러)의 1/8에 불과한 규모였다. 반면, 같은 해 로열티 지급액은 30억 달러로, 전체 로열티 소득의 15배에 달하였다.

한국의 특허가 급증하였음에도 로열티 지급액과 소득 간에 이처럼 큰 차이가 존재하는 이유는 무엇일까? 한국이 하이테크 영역에서 발전해 감에 따라 로열티 지급액 역시 크게 증가하였기 때문이다. 최근까지 한국 기업들은 막대한 로열티 소득 및 지급을 창출하는 기초 특허 기술을 확보할 수 없었다. 따라서 예를 들어, 한국이 CDMA기반 핸드폰을 판매할 때마다, 매출의 5~6%를 CDMA 기술에 대한 기초 특허를 보유한 Qualcomm에게 로열티로 지급하고 있다. 반도체 칩의 경우에 있어서도 한국 기업은 여전히 전체 매출의 12%를 로열티로 지급하고 있으며, PC의 경우에도 로열티의 비중이 10%에 이른다.

상기에서 언급한 것처럼, 최근 한국의 선두기업들은 성장하는 기술 분야에 있어서 기초 기술을 확보해야 하는 중요성을 인식하였다. 삼성전자와 LG전자와 같은 한국의 선두기업들의 최우선순위 특허 전략은 그들이 선호하는 신생 기술 분야에 있어 표준을 수립함으로써 가능한 한 많은 기초 기술 특허를 확보하는 것이다. 이러한 노력은 3세대 무선 통신, MPEG, 디지털 어플라이언스 등 한국 기업들이 미국, 일본, 유럽권 국가들과 더불어 기술 혁신을 주도하고 있는 일부 영역에 있어서 효과가 있을 것으로 여겨진다.

다시 요약하자면, 향후 한국의 과제는 특허 기술의 질을 향상시키는 것이다. 한국 기업들은 지속 가능한 수익과 경쟁우위의 원천이 되는 기술 표준을 확보하는 것이 보다 중요해지고 있는 신생 기술 영역에 있어서 기초 기술을 개발하기 위한 R&D에 초점을 두어야 할 것이다. 이를 위해 가능한 빨리 신생 기술영역 분야에 진출해야 하고, 제품 혁신이나 기초 기술을 위한 혁신적인 R&D에 노력을 기울여야 할 것이다. 과거에 한국기업들은 기술표준이 이미 존재하는 산업에 후발주자로써 진입하여 보다 나은 효율성을 위한 프로세스 개선에 초점을 두어 왔다. 한국 기업들이 큰 로열티 소득을 창출할 수 있는 기초 기술 특허를 보다 많이 확보할 수 있게 된다면, 궁극적으로 로열티 소득과 로열티 지급액 간의 큰 차이는 줄어들 것이고 한국은 기술 리더십의 성공 스토리에 있어 기술격차해소의 사례가 아닌 신흥경제 강국으로써 또 한번 주목받게 될 것이다.

별첨

인터뷰 질문

한국은 1990년대에 미국 내 특허 건수를 급격히 증가시켰습니다. 저희는 연구를 통해 한국의 대기업들이 미국 내 한국 특허 건수의 증가에 중요한 역할을 하였음을 발견하였습니다. 이에 대해 미국 내에서의 한국 특허 급증에 영향을 준 요인들과 관련하여 몇 가지 질문을 드리고 싶습니다.

1. 1980년대 이래 귀하의 회사에서 추진한 기술 혁신 전략의 전개에 대해 설명해 주십시오. 귀하의 회사는 어떻게 주요 기술과 프로세스를 획득하고 개발하였으며, 시간에 따라 각각의 기술획득 모드(기술 라이센싱, 내부 R&D, 전략적 제휴, 경험 많은 기술자의 스카우트 등)의 상대적인 중요성은 어떻게 변화하였습니까?
2. 귀하의 기업의 특허 관리 전략과 구조를 설명해 주십시오. 한국과 해외, 특히 미국에서의 특허 관리 전략과 조직은 시간이 흐름에 따라 어떻게 변화하였습니까?
3. 귀하의 기업은 왜 미국에 특허를 등록하십니까? 미국이 일본이나 유럽보다 귀사의 특허 관리 차원에서 더 중요합니까? 만약 더 중요하다면 그 이유는 무엇입니까?
4. 한국의 지적재산권 보호 체계의 주요 변화가 귀사의 기술 및 혁신 전략에 어떠한 영향을 미쳤습니까? 이러한 변화가 귀사의 특허 관리 전략과 조직에 어떠한 변화를 가져왔는지 말씀해주시기 바랍니다.
5. (전자/반도체 기업) 한국의 전자/반도체 기업이 어떻게 미국에서의 특허를 현저하게 증가시키는 데 성공하였습니까?
   (화학/제약/생명공학 기업) 한국의 화학/제약/생명공학 기업들이 전자/반도체업체들과는 다르게 미국 내에서의 특허 급증에 크게 성공하지 못한 이유는 무엇입니까?
   정부 정책, 산업적 특성, 기업 차원의 전략 측면에서 이유를 설명해 주시기 바랍니다.
6. 귀하가 속한 기업이 미래에도 혁신 역량과 특허활동을 업그레이드해 나갈 수 있

을 것이라고 생각하십니까? 향후 귀사의 혁신 및 특허 전략은 무엇입니까?

7. 정부출연연구기관들과 대학이 최근 한국 특허 건수의 증가에 미친 영향에 대해 어떻게 생각하시는지 의견을 말씀해 주시기 바랍니다. 이들 관련 지원기관들이 어떠한 역할을 수행해 주기를 기대하십니까?

참고문헌

Adelman, M. J. 1987. "The new world of patents created by the Court of Appeals for the Federal Circuits." *University of Michigan Journal of Law Reform*, 20: 979–1007.

Albert, M., D. Avery, Narin, F. and McAllister, P. 1991. "Direct validation of citation counts as Indicators of industrially important patents," *Research Policy*, 20: 251–259.

Almeida, Paul. 1996. "Knowledge sourcing by foreign multinationals: Patent citation analysis in the U. S. semiconductor industry." *Strategic Management Journal*, 7: 155–165.

Almeida, Paul, and Bruce Kogut. 1999. "The localization of knowledge and the mobility of engineers in regional networks." *Management Science*, 45: 905–917.

Almeida, Paul, Jaeyong Song, and Robert M. Grant. 2002. "Are firms superior to alliances and markets? Am empirical test of cross-border knowledge building." *Organization Science*, 13 (2): 147–161.

Amsden, Alice. 1989. *Asia's next giant: South Korea and late industrialization.* Oxford University Press.

Arora, A. and Gambardella, A. 1994. "The changing technology of technological change: General and abstract knowledge and the division of innovative labor." *Research Policy*, 23: 523–532.

Citizen's Solidarity for Participatory Democracy. 1999. *White paper on five largest chaebols* (in Korean). Nanam Publishing.

Cho, Dong-Sung. 1990. *Korean chaebols* (in Korean). Maeil Economic Daily.

Evenson, Robert E. 1990. Intellectual property rights, Rajat Gupta & D, Inventions, technology purchase, and piracy in economic development: An international comparative study, in R.E. Evenson and Gustav Ranis, eds., *Science and technology: Lessons for development policy*, Westview Press, Boulder, Colo., 325–255.

Finn, Michael. 2000 & 2002. *Stay rates of foreign doctorate recipients in US Universities.* Oak Ridge, TN: Oak Ridge Institute for Science and Education.

Ginarte, Juan and Park, Walter. 1997. "Determinants of patent rights: A cross-national study." *Research Policy*, 26: 283–301.

Glass, Amy, and Kamal Saggi. 1995. *Intellectual Property Rights, Foreign Direct Investment, and Innovation.* Ohio State University.

Gould, David and Gruben, William. 1996. "The role of intellectual property rights in economic growth." *Journal of Development Economics*, 48: 323–350.

Greenwood, J. and Yorukoglu, M. 1997. *Carnegie-Rochester Conference Series on Public Policy* 46, 49–95.

Hall, Bronwyn H., Adam Jaffe, and Manuel Trajtenberg. 2000. *Market value and patent citations: A first look.* UC Berkeley and NBER.

Helpman, Elhanan. 1993. "Innovation, Imitation, and Intellectual Property Rights." *Econometrica*, 61: 1247–1280.

Jaffe, Adam B., Manuel Trajtenberg, and Rebecca Henderson. 1993. "Geographic localization of knowledge spillovers as evidenced by patent citations." *Quarterly Journal of Economics*, 108: 577–598.

Joo, Dae-Young. 1999. *A study of how to improve knowledge-based competitiveness in the semiconductor industry* (in Korean). Korea Institute for Industrial Economics & Trade (KIET).

Kim, Linsu. 1997. *Imitation to innovation: The dynamics of Korea's technological learning.* Harvard Business School Press.

Korea Industrial Technology Association. Various years. *White paper on industrial technology* (in Korean).

Korea Institute for Industrial Economics & Trade (KIET). 1997. *Korean industry: Development history and future vision* (in Korean).

Korean Industrial Property Office (KIPO). Various years. *Intellectual property statistics annuals* (in Korean).

Korean Industrial Property Office (KIPO). Various years. *Annual report.*

Kortum, Samuel and Lerner, Josh. 1999. "What is behind the recent surge in patenting?" *Research Policy*, 28: 1–22.

Lai, Edwin. 1998. "International intellectual property rights protection and the rate of product innovation." *Journal of Development Economics*, 55: 133-153.

Lee, J. Y. and Edwin Mansfield. 1996. "Intellectual Property Protection and US Foreign Direct Investment." *Review of Economics and Statistics* 78:181–86.

Lerner, Josh. 1995. "Patenting in the shadow of competitors." *Journal of Law and Economics*, 38: 563–595.

Lim, Youngil. 1999. *Technology and productivity: The Korean way of learning and catching up.* The MIT Press. Cambridge, MA.

Mansfield, Edwin. 1994. "Intellectual Property Protection, Foreign Direct Investment, and Technology Transfer: Germany, Japan, and the United States." *International Finance Corporation, Discussion Paper* 27.

Maskus, Keith E. 2000a. "Lessons from studying the international economics of intellectual property rights." *Vanderbilt Law Review*, 53: 2219–2239.

Maskus, Keith. 2000b. "Intellectual property rights and economic development." *Case Western Reserve Journal of International Law.* 32: 471–506.

Maskus, Keith E. 2000c. *International property rights in the global economy.* Institute for International Economics.

Merges, R. P. 1992. *Patent law and policy,* Michie, Charlottesville.

Ministry of Science & Technology (MOST). Various years. *Annals on Science & Technology* (in Korean).

National Science Foundation. 2000 & 2002. *Science and Engineering Indicators.*

OECD, 1999. *Main Science & Technology Indicators.*

OECD, 2000. *Science, Technology, and Industry Outlook.*

Park, Walter and Ginarte, Juan C. 1997. "Intellectual property rights and economic growth." *Contemporary Economic Policy,* 51–61.

Romer, P. 1991. Increasing returns and new developments in the theory of growth. in: Barnett, W., et al. (eds.), *Equilibrium theory and applications: Proceedings of the sixth international symposium in economic theory and econometrics,* pp. 83–110, Cambridge University Press.

Rosenkopf, Lori, and Atul Nerkar. 2001. "Beyond local search: Boundary-spanning, exploration, and impact in the optical disc industry." *Strategic Management Journal,* 22: 287–306.

Ryan, Michael P. 1998. *Knowledge Diplomacy: Global Competition and the Politics of Intellectual Property.* Washington: Brookings Institution Press.

Schumpeter, J. A., 1942. *Capitalism, Socialism and Democracy.* Harper and Row.

Segerstorm, Paul S. 1998. "Endogeneous Growth without Scale Effects." *American Economic Review* 88: 1290–1310.

Sherwood, Robert M. 1990. *Intellectual Property and Economic Development. Boulder,* CO: Westview Press.

Sherwood, Robert M. 1997. "The TRIPs Agreement: Implications for Developing Countries." IDEA: *The Journal of Law and Technology Management* 37: 491–544.

Siebeck, Wolfgang E., 1990. Strengthening protection of intellectual property in developing countries: A survey of the Literature. *World Bank Discussion* Papers 112(The World Bank, Washington, DC) 33–46.

Song, Byung-Nak. 1997. *The Rise of the Korean Economy.* Oxford University Press.

Song, Jaeyong, Paul Almeida, and Geraldine Wu. 2001. Mobility of engineers and cross-border knowledge building: The technological catching-up case of Korean and Taiwanese semiconductor firms. In Henry Chesbrough and Robert Burgelman (eds.), *Research in Technology and Innovation Management*:59–84. Elsevier.

Song, Jaeyong, Paul Almeida, and Geraldine Wu. 2003. "Learning-by-hiring: When is mobility useful in inter-firm knowledge transfer?" *Management Science,* 49(4): 351-

365.

Sorensen, Jesper B., and Toby E. Stuart. 2000. "Aging, obsolescence, and organizational innovation." *Administrative Science Quarterly*, 45: 81-112.

Yang, Guifang and Maskus, Keith. 2001. "Intellectual property rights, licensing, and innovation in an endogenous product-cycle model." *Journal of International Economics*, 53: 169–187.

찾아보기

:: 발간사

서울대학교 경영연구소의 '한국기업경영사 연구사업'은 한국기업경영에 대한 역사적 연구를 통하여 우리나라 기업경영의 역사와 변천과정, 그리고 이의 성과를 평가하고 미래 발전에 대한 시사점을 제시하는 것을 기본 목적으로 시행되었으며, 그 연구의 결과로 본 총서 시리즈를 발간하게 되었습니다.

한국기업의 성장 발전은 과거 30~40년 사이에 매우 빠르게 이루어져 한국경제 성장을 견인하여 왔으나, 한국기업의 발전과정에 대한 체계적인 연구는 이루어지지 않은 것이 오늘의 현실입니다. 역사를 모르고선 우리나라 기업경영의 미래와 발전을 바랄 수 없습니다. 본 총서는 우리 기업의 발전과정에 대한 체계적인 연구를 통하여 선진외국으로부터 1950년대 후반부터 도입된 경영학과 경영기법들이 한국적 토양에 어떻게 정착되었는지를 고찰하고, 향후 지속적인 발전을 위한 학문적 연구방법 및 한국기업경영의 방향을 모색하였습니다.

본 연구를 토대로 서울대학교 경영연구소는 명실상부 한국기업경영사연구의 중추적 역할을 수행하며, 대학과 연구소의 국제적 경쟁력과 위상을 높일 수 있을 것으로 사료됩니다.

본 연구는 2004년 3월부터 42명의 서울대학교 경영대학 교수와 외부기관의 박사급 이상의 연구원이 공동으로 연구를 하였고, 주제는 산업별 역사, 기업경영사, 기업정책의 변천사 등을 총망라하였습니다.

본 연구총서가 학문적으로 국내외에서 유용한 연구자료로 활용됨은 물론이고, 우리 기업의 성장과정을 직접 체험한 기성세대에게 있어서 기업의 성장 발전과정에 관한 지식을 체계적으로 전달하고, 차세대 젊은이들에게도 유용한 정보를 제공하여 미래 한국기업경영의 방향을 모색하는 데 유익한 자료가 되길 바랍니다.

끝으로 밤을 밝히며 연구에 매진하여 훌륭한 연구실적을 내기까지 노력과 수고를 아끼지 않은 저자 여러분과, 본 연구를 위하여 기꺼이 연구비를 출연하여 주신 SK그룹, 현대자동차그룹, 삼양사에도 심심한 감사를 드립니다.

2005년 7월

서울대학교 경영대학 학장

서울대학교 경영연구소 소장

안 상 형

:: 저자 약력

송재용

· 현 서울대학교 경영전문대학원 교수
· 컬럼비아대학교(Columbia Business School: 97–2001) 교수
· 연세대학교(2001–2003) 경영대 교수
· Columbia Business School APEC Study Center Research Associate(2005. 12–현재)
· 미국 펜실베이니아대학교 워튼(Wharton) 경영대학원 경영학 석 · 박사
· 호주국립대(Australian Nat'l U), 뉴욕주립대(SUNY at Stony Brook) 객원교수
· 세계은행(World Bank), Medley Global Advisors, Inc. (New York) 객원컨설턴트
· 아시아개발은행연구소(ADBI), 일본장기신용은행종합연구소 초빙연구위원
· 한국경영학회 상임이사; 한국전략경영학회 이사; 한국능률협회 경영전략위원회 자문위원
· 미국경영학회(Academy of Management) Barry M. Richman 최우수논문상 수상
· 유럽국제경영학회(EIBA) Gunnar Hedlund 최우수박사논문상 수상
· 컬럼비아 Chazen국제경영강의혁신상(Chazen Teaching Award) 수상
· 2005년 서울대학교 경영대학 최우수강의교수상 수상
· 2003년 연세대학교 최우수업적교수상 수상
· Management Science, Strategic Management Journal, Organization Science, Journal of Economics & Management Strategy, Journal of Management, Journal of International Business Studies, 경영학연구 등 국내외 top저널에 논문 다수 발표

신현한

· 현 연세대학교 경영대학 교수
· 미국 오하이오 주립대학교 경영학 석 · 박사
· 뉴욕주립대학, 오레곤 주립대학 조교수
· 캘리포니아주립대학 부교수
· Quarterly Journal of Economics, Journal of Corporate Finance, Journal of Multinational Financial Management, 재무연구, 회계연구 등에 논문 다수 발표

서울대학교 경영연구소
기업경영사 연구총서 12

한국기업의 특허전략 변화

저자 송재용 · 신현한

2006년 12월 26일 초판 제1쇄 인쇄
2006년 12월 30일 초판 제1쇄 발행

발행인 이장무
발행처 서울대학교출판부
151-742 서울 관악구 신림동 산 56-1
판매과 02-889-4424, 02-880-7995
Fax 02-888-4148
E-mail snubook@snu.ac.kr
Home-page http://www.snupress.com

출판등록 제15-3호

ISBN 89-521-0681-4 93320

값 7,000 원

서울대학교 경영연구소 기업경영사 연구총서

01 **한국기업 배당정책의 변화** | 최도성 · 김성민

02 **한국기업의 서비스 품질 평가제도 변천과정** | 이유재 · 라선아

03 **한국 브랜드의 진화 및 발전** | 김재일

04 **한국 백화점 역사** | 김병도 · 주영혁

05 **한국 인터넷 기업의 변천사: 네트워크 경제의 실험과 형성** | 안중호 · 양희동 · 오상조 · 김은진

06 **우리나라의 기업공시제도: 공정한 거래와 투명한 정보제공** | 윤계섭 · 허희영

07 **한국 PC산업의 발전과정** | 김상훈 · 오정석

08 **한국기업 해외직접투자 전략의 변천** | 이동기 · 박남규 · 조영곤 · 김동희

09 **한국기업의 ERP 도입과 운영의 변천사** | 안상형 · 이창희 · 최강화

10 **한국 팀제의 역사, 현황과 발전방향** | 박원우

11 **기업세무전략에 대한 실증** | 정운오 · 박종일 · 박찬웅